현대신서
37

영화와 문학

로버트 리처드슨

이형식 옮김

東文選

영화와 문학

Robert Richardson
Literature and Film

© 1969, Indiana University Press

This edition was published by arrangement
with Indiana University press
through Korea Copyright Center, Seoul

차례

머리말	7
1. 문학과 영화	9
2. 영화의 문학적 근원과 배경	27
3. 그리피스와 에이젠슈테인 : 영화에서의 문학의 이용	51
4. 문학 기법과 영화 기법	73
5. 말로 된 언어와 시각적 언어	95
6. 영화와 현대 소설	115
7. 시와 영화에서 질서와 통일성의 문제	133
8. 황무지: 질서의 붕괴	151
9. 휴머니즘의 생존	173
원주	193
참고 문헌	202
색인	204
역자 후기	214

머리말

　우리 시대의 예술을 평가하려면 그 속에 반드시 현대 문학과 영화를 포함시켜야 한다는 사실이 점점 더 분명해지고 있다. 이 책은 나아가 문학과 영화가 많은 점에서 서로 닮았기 때문에, 또 이 두 가지 예술적 표현 형태가 현대의 예술적 반응을 형성하는 데 점점 더 지배적인 역할을 하기 때문에, 둘 사이에 존재하는 연관성을 집중적으로 연구해 볼 필요가 있다고 주장한다.

　적어도 D. W. 그리피스 시대 이래로 문학이 영화에 상당한 영향을 끼쳐 온 것은 명백한 사실이며, 동시에 영화가 문학에 중요한 반향을 일으키고, 어떤 면에서는 현대적 글쓰기에 중요한 영향을 끼쳤다는 사실 또한 마찬가지로 분명한 일이다. 게다가 영화적 형식과 문학의 형식이 강한 유사성을 지니며, 영화 기법과 문학 기법이 비교될 만하다는 주장도 나올 수 있다. 문학 비평과 영화 비평이 서로에게서 많은 것을 얻을 수 있으리라는 것이 또한 나의 주장이다. 영화적 의식은 문학 독자로 하여금 위대한 글의 특징이 되는 시각적이고 청각적인 특질에 새롭게 주의를 기울이도록 하며, 문학적 훈련은 영화 이해에 깊이와 안목을 더해 준다.

　문학과 영화를 함께 생각하는 것을 가능케 해주는 광범위한 유사성은 대개 문학과 영화 모두 이야기를 하는 예술이라는, 매우 단순하지만 중요한 사실에서 기인된다. 여기에서부터 출발해서 기술적인 면에 치중하는 사람은 문학과 영화 모두 내러티브를 공통적으로 가졌다고 주장하고, 인문학자는 두 예술이 그렇기 때문에 의미를 전달하는 데 주력한다고 지적한다. 이 책은 따라서 두 개의 주제와 두 개의 관심이 허용하는 한 단순하게 진행될 것이다. 주제에 대한 개략적인 설명이 끝나면, 영화가 등장하던 시기에 작용했던 문학의 배경과 영향을 살펴보는 두 개의 장이 있을 것이다. 4장과 5장은 문학과 영화가 실제로 어떤 점에서 유사한지 살펴보고, 6장에서는 영화가 현대 문학에 준 충격에 대해 다루고자 한다. 마지막 세 장은 주로 시와 영화를 논의하면서 둘 사이의 연관성이 우리에게 매우 중요하다는 주장을 할 것이다. 왜냐하면 영화와 현대 시는 둘 다 어떻게 살 것인가, 어떻게 하면 인생에서 인간적이고 비강제적인 질서를 찾을 것인가의 문제에 강한 관심을 보여 왔기 때문이다. 현대 문학과 현대 시의 장점은 인간적인 질서가 필요함을 끊임없이 인식하는 데서 유래되며, 영화의 매력 또한 인간이 된다는 것의 기쁨·필요·욕망을 시각적 이미지를 통해 계속적으로 주장하는 데서 나온다. 베이철 린지는 자신의 책 《영화의 예술》을 가리켜 '절제되지 않은 사진의 비인간적인 면에 대한 투쟁'이라고 묘사한 적이 있다. 나도 이 책이 그러한 투쟁의 일환이 되기를 바라며, 조지 스타이너가 인간적인 글읽기(humane literacy)라고 표현한 방향으로 나아가는 한 발짝이 되기를 또한 희망한다.

form
1

문학과 영화

역사를 상징으로 풀어내는 재능을 가졌던 헨리 애덤스는, 《교육》의 유명한 장에서 강력하지만 차분한 중세의 일치성과 힘이 넘치지만 혼란스러운 현대의 다양성을 양식화해서 비교하고 있다. 애덤스에게 있어서 중세의 중심 상징은 성모 마리아였고, 중세의 열망을 구체적으로 표현한 모양은 성당, 특히 샤르트르의 성당이었다. 애덤스가 이 성당에서 특히 감탄한 것은 열망을 성취로 표현하는 데서 볼 수 있는 시각적 질서와 조화였다. 특히 남쪽에 있는 오래 된 탑을 주목하면서 애덤스는 비올레 르 뒤크의 말을 인용한다. "성당을 만든 예술가가 남다른 절제로 건축물의 구성에 부여한 아름다움과 위엄은 더 이상 설명할 필요가 없다. 모든 효과는 장식이 아니라 각각 다른 부분들의 정당하고 기술적인 균형에서 나온다. 정사각형의 토대에서 팔각형의 첨탑으로 넘어가는 연결 부분은 매우 조절하기 어려운데, 다른 비슷한 탑에서 도저히 찾아볼 수 없는 솜씨를 보여 주고 있다." 애덤스는 솜씨라든지 재치라든지 하는 말로 설명하기에는 탑이 너무나 고상하고 단순하기 때문에 그러한 개념을 사용하는 데 반대하고 있다. 그리고 나서 그는 다시 같은 원전을 인용하며 이 건축물을 옹호한다. "이 탑의 개념을 이해하려면, 이 건축물의 설계가 단순하고 기교적이면서 동시에 솔직하다는 것을 보게 될 것이다. 토대에서 첨탑의 꼭대기로 올라가면서 건축물의 전체적인 흐름을 중단시키는 눈에 띄는 연결 부위가 없다. 넓고 웅장하고 장식이 없는 토대가 팔각형의 날카로운 첨탑으로 변화해 올라가면서, 어디서부터 웅장한 건축이 끝나고 가벼운 건축이 시작되었는지 말하기가 어렵다."[1]

샤르트르 성당의 다른 부분에서처럼 여기서도 애덤스가 거듭해서 강조하는 것은 획일적이 되지 않으면서 일치감을 창출해 낼 수 있는 자신에 찬 익명의 지성이다. 그러나 애덤스가 현대로 눈을 돌릴 때 그러한 힘은 어디서도 찾을 수 없었다. 대신 발전기가 그의 시대를 적절히 특징짓는 것 같았다. 빙빙 돌아가는 쇠로 만든 증기 추진의 기계인 전기 발전기는, 에너지를 이용해서 더 많은 다른 에너지를 생산하여 다양성이 혼돈으로 급격히 변해 가는 세상에 공급한다. 애덤스 시대 이래로 정치에서 예술에 이르기까지 모든 것에 표출된 무질서, 현대 생활의 혼돈에 대해 이야기하는 것이 흔한 일이 되어 버렸고, 또 이런 냉담한 분위기 속에서는 새로운 종류의 업적을 찾기보다는 쇠퇴를 이야기하는 것이 쉽게 되었다. 그러나 애덤스는 성당에서 한때 표현되었던 에너지가 자신의 시대에는 기계에서 표출되고 있다는 발전적인 방향의 지적을 마지막으로 하고 있다. 케네스 클라크는 1963년에 쓴 글에서 이 점을 더 분명히 하고 있다.

인간은 주어진 시대에 특정한 양의 창조적 에너지만 생산할 수 있으며, 이 에너지는 시대마다 다른 목적을 향해 발휘된다. 18세기에 있어서의 음악이 그 좋은 예라고 할 수 있다. 나는 또한 지난 70년간 과학의 눈부신 업적이 예술 작품의 창작으로 향하게 될 기술과 재능의 많은 부분을 실현될 수 없는 방향으로 돌려 놓았다고 생각한다. 우선 이것은 순전히 에너지의 문제이다. 르네상스 궁전의 몰딩 하나하나에서 우리는 엄청난 지적인 에너지를 느낄 수 있는데, 그 르네상스 건물을 19세기에 복제한 건물이 죽은 것처럼 보이는 것은 바로 이러한 에너지가 없기 때문이다. 파르네세 궁전의 창문틀과 같은 활력을 가진 형체를 찾기 위해서, 나는 비행기 안으로 들어가 엔진과 날개의 관계를 볼 수 있을 때까지 기다려야 한다.[2)]

만약 헨리 애덤스와 케네스 클라크의 말이 맞다면, 그리고 과학과 기술이 20세기의 창조적 에너지를 표출할 수 있는 형태라면, 기계·광학·필름 화학의 총아인 영화가 가장 중요한 현대 예술의 하나가 되는 것이 전혀 놀라운 일이 아니다.

영화가 19세기말과 20세기초에 근원을 두고 있다는 사실은, 이 놀랍고 새로운 매체의 중요성이나 본질을 이해하고자 할 때 상당한 중요성을 띠게 된다. 19세기 후반의 사회와 기술의 위력은 세계를 눈에 띌 정도로 더 빠르고 강하고, 그리고 어쩌면 더 추하게 만들고 있었다. 지금 되돌아볼 때 예측할 수 있는 한 가지 결과는, 예술을 위한 예술을 강조하고 '세기말'이라는 말을 어조의 멋 때문에 프랑스어로 번역했던 지치고 지루한 운동이다. 예술성, 그리고 오브리 비어즐리에게서 특징적인 예를 볼 수 있는 장식적 기질은 예술에 있어서의 점잖은 전통으로 이미 미국과 영국에서 나타났다. 이 전통은 크고 분주하고, 점점 도시화·산업화되는 사회로부터 물러서고 있었다. 그렇다면 기계의 도래, 혹은 헨리 애덤스의 도상학(圖象學)을 빌리자면 발전기의 도래는 어떤 의미에서는 예술가를 점점 더 시대에 뒤처진 위치로 몰아넣는 결과를 가져왔던 것이다. 그러나 예술을 위한 예술 운동이 발전기 시대에 대한 유일한 반응은 아니었다. 북유럽에서의 연극의 재탄생과 1910년대 미국과 영국에서 시의 혁명과 함께 한 영화의 등장은, 이 세기말 시대의 내부에서 산출된 충동의 덕분이었다. 주지하듯이 영화는 기계 시대를 위한 기계 예술이다. 《예술의 사회사》 마지막장에서 아널드 하우저는 현대를 '영화 시대'라 지칭하고, "영화는 기술의 영적 기초에서 진화한 예술이며, 따라서 그 때문에 산재한 문제와 잘 어울린다. 기계는 영화의 근원이며 매체, 그리고 그것의 적절한 주제이다"[3]라고 하였다. 영화가 기계·실험실·전기 그리고 현대 판매 전략에 의존한다는 것은 명백한 사실이며, 나아가 발전기의 도전에 대한 예술의 위대한 긍정적 반응의 하나가 바로 영화라고 주장하는 것도 이치에 맞는 일이다.

그러나 기계의 시대가 기계 예술을 생산한다는 것은 그다지 괄목할 만한 일이 아니다. 그것이 그처럼 단순한 일이라면 단지 새로운 발명품에 대한 틀에 박힌 반응에 부여되는 관심밖에 끌지 못할 것이다. 그러나 영화는 그 자체가 기계 예술이면서도 더 교묘한 방법으로 기계적 삶에 대한 고도의 비판자로 발전해 나갔다. 마술사였다가 영화제작자가 된 조르주 멜리에스의 초기 작품에서부터 슬랩스틱의 급격한 상승, 기발한 채플린 영화, 만화 영화, 페르낭 레제의 《기계적 발레》를 거쳐 자크 타티의 《나의 아저씨》에 이르기까지 영화는 무생물의 세계가 인간의 영역을 침범하는 모습을 영화마다 기록해 왔다. 영화는 무생물을 움직이게 하고, 기계를 배우로 만들고, 사람과 기계의 싸움을 극화하는 데 매우 효과적이었다. 그리고 영화의 일반적인 특징상 이 싸움——

대개 패배를 암시하는 지치고 화난 어조로 적힌——은 영화 속에서 매우 코믹한 접전으로 묘사되었으며, 대개 인간이 이기는 싸움이었다.

수없이 만들어진 시퀀스에서는 한 남자가 차의 시동을 거는 모습을 보여 준다. 차는 말을 듣지 않는다. 그는 화가 나서 차에서 내려와 후드를 열고 엔진을 해체하여 부품들을 하나씩 어깨 너머로 던진다. 배선·피스톤·크랭크축·스타터·팬·라디에이터, 그리고 마침내 엔진 몸체까지. 그때 갑자기 친구가 뛰어온다. 쫓김을 당하고 있는 것이다. 급히 도망을 가야 한다. 두 남자는 모든 부품들을 주워서 엔진 칸에다 던져넣고 후드를 닫는다. 부품 하나가 남는다. 한 남자가 그걸 보더니 머리를 긁적이고, 이리저리 살펴본 후 어깨를 으쓱하며 주머니에 넣는다. 두 남자가 차에 올라타면 차는 부르릉거리며 살아나 길에다 부품을 흘리며 쏜살같이 달아난다.

여기에서도 버스터 키턴의 영화에 대해 제임스 에이지가 묘사한 내용이 적용된다. "《셜록 2세》에서 키턴은 운전자가 없어졌다는 사실도 잊은 채 오토바이의 핸들을 잡고 도시의 교통의 흐름을 뚫고 지나가며, 줄다리기도 끊어 놓고, 길 양쪽에 줄지어 도랑을 파고 있는 사람들로부터 흙을 한 삽씩 얻고는 고속으로 통나무를 향해 달리는데 때마침 터진 다이너마이트로 갈라진 그것을 통과한 후, 장애물에 부딪치면서 활을 떠난 화살처럼 핸들을 놓고 오두막집의 창문을 뚫고 들어가는데, 그 속에서 여주인공을 겁탈하려는 악당을 두 발로 차서 반대편 벽을 뚫고 날려보낸다."[4]

이러한 주제에 대한 변용은 특히 오래 된 무성 영화에서는 끝이 없다. 《얼간이에겐 휴식을 주지 마라》의 마지막 장면에서의 난폭한 질주라든지, 《안전 지대》에서 해럴드 로이드가 시계를 가지고 고생한다든지, 채플린이 아주 간단한 물건을 가지고도 끝없이 낑낑댄다든지 하는 것을 우리는 떠올린다. 클루조의 《공포의 보수》에서처럼 결말이 언제나 행복한 것은 아니지만, 일반적으로 우연이라 할지라도 영화는 인간이 기계의 반역을 정복하는 것으로 대부분 끝난다.

이것은 영화의 전형적인 반응이다. 왜냐하면 영화란 것이 20세기의 가장 낙관적이면서 동시에 가장 철저히 인간적인 표현 수단이기 때문이다. 인간의 이미지 묘사로부터의 탈피는 회화와 조각에서 가장 두드러졌다. 이렇게 된 부분적인 이유는 점점 더 포악하게 전쟁을 벌이기만 하는 인간성에 대해 예술가들이 환멸을 느꼈기 때문이다. 이런 상황에 대해 깨닫게 되면서 예술가들은 잔해를 닮은 조각을 만들거나, 폐허의 모습을 겨냥한 그림을 그리게 되었다. 문학은 그 정도까지는 가지 않았지만, 로빈슨 제퍼스·로브 그리예·윌리엄 버로스의 꾸준한 존재가 비인간적인 문학에 대한 실험이 단지 지나가는 장난이 아니라는 것을 시사해 준다. 많은 만화 영화·실험 영화, 그리고 《판타지아》의 바흐 시퀀스, 혹은 《지난해 마리앵바드에서》 볼 수 있듯이 영화가 전적으로 이런 추상적 경향의 영향을 받지 않은 것은 아니지만, 영화의 역사를 보면 영화는 필요나 한계 때문이 아니라 선택에 의해서 다른 예술보다는 훨씬 더 인간의 이미지에 충실히 몰두해 왔다고 말할 수 있다. 어떤 의미에서 이것은 적절하고 정당하다. 기계 시대에 태어난 예술이기 때문에, 인간이 기계 시대의 초조하고 급격하고 분열시키는 압력에 가장 위협받을 때 인간의 존엄성을 주장하기에 가장 합당한 예술이 되는 것이다. 현대 생활의 공포라고 종종 비판받는 물질적·기술적 복잡성의 산물이면서 그것과 철저히 연관되어 있기 때문에 영화는——우연인지 혹은 내재적 속성 때문인지는 모르지만——공동체, 인간적 가치, 그리고 가시적 인간성을 위한 강력한 힘이 되는 것이다.

토키의 등장 이전에는 무성 영화를 인간이 만들어 낸 최초의 보편적 언어로 보는 일이 종종 있었다. 한때 무명으로 샤르트르의 대성당을 건축했으나 이제는 사라지고 상실되고 만 힘에 대해 헨리 애덤스가 못내 아쉬워하며 기록한 것을 생각해 볼 때, 영화를 만드는 이유를 설명하는 잉마르 베리만의 다음과 같은 이미지는 한층 더 흥미롭다.

샤르트르 성당이 번개에 맞아 재로 변해 버린 데 대해 다음과 같은 이야기가 전해진다. 수천 명의 사람들이 사방에서 개미의 행렬처럼 모여들었고, 힘을 합쳐 그 자리에 성당을 재건축하기 시작했다. 건축가·예술가·노동자·광대·귀족·신부·시민들 할 것 없이 건물이 완성될 때까지 힘써 일했다. 그러나 그들의 존재는 익명으로 남아 있고, 오늘날까지도 누가 샤르트르 성당을 건축했는지 아무도 모른다.

이 점과 관련해서 나의 신념이나 의심은 별로 중요하지 않겠지만, 나는 예술이 신앙과 분리되는 순간 기본적인 창조적 충동을 상실하는 것이라고 생각한다. 예술은 탯줄이 끊긴 채 스스로를 생산 혹은 폐기시키며 황폐한 삶을 살고 있다. 옛날에는 예술가의 존재는 미지의 상태로 남아 있었으며, 그의 작품은 하나님의 영광을 위해서였다. 그는 다른 장인들보다 더 중요하지도 덜 중요하지도 않은 채 살다가 죽었다. '영원한 가치'·'불멸'·'걸작'은 그의 경우에 해당되지 않는 용어였다. 창조할 수 있는 능력은 신의 선물이었다. 그런 세계에서는 흔들리지 않는 확신과 타고난 겸손이 꽃을 피웠다.

오늘날에는 예술가가 가장 고귀한 존재, 그러면서 동시에 예술 창조의 가장 큰 독소가 되었다. 자아에 조금만 상처나 고통이 가해져도 그것이 영원한 중요성이 있는 것처럼 현미경을 대고 검토한다. 예술가는 자신의 고독·주관·개인주의를 거의 신성시한다. 그래서 우리는 마침내 거대한 하나의 펜 속에 모여 다른 사람의 말에는 귀기울이지도 않고, 우리가 서로를 질식시켜 죽이고 있다는 것을 깨닫지도 못한 채 우리의 고독에 대해 푸념하고 있다. 개인주의자들은 서로의 눈 속을 응시하지만 서로의 존재는 부인한다. 우리는 자신의 근심 속에 갇혀 그 속에서 뱅뱅 돌면서 진실과 거짓, 범죄자의 변덕과 순수한 이상을 더 이상 구분할 수도 없다.

그래서 나에게 영화를 만드는 목적이 무엇이냐고 묻는다면, 나는 대평원 위의 성당을 건축한 예술가 중 한 사람이 되고 싶다고 말할 것이다. 나는 돌로 용의 머리·천사·악마——혹은 성자——를 만들고 싶다. 그게 무엇이든 상관없다. 중요한 것은 만족감이다. 나의 신념과는 상관없이, 내가 그리스도교인이건 아니건 상관없이 나는 성당을 건축하는 공동 작업에서 내 역할을 다하고 싶다.[5]

영화인들의 거창하고 과열된 주장에 너무 익숙해진 우리로서는(심지어 에이젠슈테인도 모든 예술은 유성 컬러 스테레오 영화를 향해 매진한다고 말한 적이 있다) 베리만의 주장을 액면 그대로 받아들이기가 망설여질 수도 있다. 그러나 그의 말은 중요하고 감동적인 신조이며, 다른 현대 예술을 염두에 두고 하기가 불가능한 말이다. 아널드 하우저의 말을 다시 인용하자면 "영화가 협동에 기초한 예술 작업이라는 단순한 사실은, 중세 이래로 완벽한 예를 찾아볼 수 없었던——예술 작품의 생산이라기보다는 재생산에 더 가까운 연극의 경우를 제외한다면——통합적 경향의 증거이다."[6] 어윈 파노프스키도 〈영화의 스타일과 매체〉라는 글에서 영화와 성당의 놀라운 유사점에 대해 언급했으며, 그러한 비교가 단순한 예시를 넘어서는 중요성이 있다면 이 특별한 비교는 다음과 같은 사실을 시사하고 있다. 즉 성당처럼 영화는 완벽을 기하기 힘들며, 개인적인 성취를 나타내지도 않고, 전문가가 아니라 모든 사람에게 어필하는 광범위하고 일반적인 방법으로 시대 전체의 정신을 인상적으로 반영하는 진귀한 예술 중의 하나이다.[7]

영화와 문학을 연관시키려는 시도는 전혀 새로운 것이 아니다. '고전' 소설을 영화로 만들었던 초기 영화 시대로부터 문학 영화, 혹은 카메라-펜(Caméra-Stylo)을 지향하는 오늘날의 경향에 이르기까지 영화제작자들은 여러 가지 면에서 문학에 빚을 지고 있다. 마찬가지로 피란델로에서 너새네이얼 웨스트에 이르는 수많은 작가들도 영향이 쌍방향으로 진행된다는 것을 보여 주었다. 〈디킨스·그리피스, 그리고 오늘날의 영화〉라는 글에서 세르게이 에이젠슈테인은 영국 소설이 미국 초기 영화제작자들에 미친 중요성을 기록하려고 했으며, 나아가 영화와 문학의 더 광범위한 연계성을 시사하고 있다. 에이젠슈테인은 영화가 자립적이고 자족적이며 완전히 독립적인 예술이라는 생각을 비웃는다.

매우 생각이 모자라고 주제넘은 사람들만이 영화의 동정녀 탄생과 같은 말도 안 되는 전제로부터 시작하여, 나아가 영화의 미학과 법칙까지도 세울 수 있다고 생각한다.

디킨스와 그리스 시대, 셰익스피어까지 거슬러 올라가는 예술의 조상들을 생각해 보면 그리피스와 오늘날의 영화의 근원이 에디슨과 다른 발명가뿐 아니라 거대한 문화적 전통에 근거하고 있음을 알 수 있다. 과거의 모든 문학이 세계사에 위치한 각자의 순간에서 위대한 영화 예술을 낳는 데 공헌했던 것이다. 문학에 대해 오만한 태도를 보였던 생각이 모자란 사람들은 이런 과거의 전통을 보고 뉘우쳐야 한다. 영화는 겉으로 보기에 전례가 없는 예술처럼 보이지만, 사실 문학은 영화에 너무나 많은 것을 기여했으며, 문학이야말로 가장 중요하고 으뜸가는 시각 예술이다.[8]

에이젠슈테인의 영화와 글은 그가 계속해서 문학을 상상적으로 사용해 왔음을 보여 주며, 그의 유명한 〈영화 감각〉은 사실상 문학적 상상력의 확장된 버전이라고 주장할 수도 있을 것이다.

우리가 문학을 말의 예술이라고 생각한다면, 즉 문학적 행위에 특별하고 고유한 성격을 부여하는 것이 글자와 말이라면, 그렇다면 영화는 무성 영화 시대뿐만 아니라 유성 영화 시대에서도 분명히 문학도 아니고 문학적이지도 않다. 문학을 창조하고 허용하는 것이 말의 탁월성이라면, 영화는 기껏해야 영화가 가지고 있는 회화적 어휘와 구문 역할을 하는 몽타주 때문에 문학과 비슷하다고 말하는 데 만족해야 할 것이다. 그러나 초점을 약간 바꾸어 문학을 독자의 마음에 이미지와 소리를 창조하는 데 집중하는 서사 예술로 본다면, 영화도 명백히 문학성을 띠는 것으로 볼 수 있을 것이다. 이러한 주장은 영화를 종전의 서사 예술의 단순한 확장, 그것도 매우 훌륭한 확장으로 보는 것처럼 보일 터이다.[9]

두 가지 생각은 모두 진리를 담고 있다. 영화는 문학이 작용하는 것과 비슷한 방식으로 순전히 시각적 양상에서 작용을 하며, 또한 서사적 형태로서도 영화와 문학은 분명한 유사성을 가지고 있다. 앙드레 바쟁의 《영화란 무엇인가?》는 이 주제에 대해 매우 시사적인 내용을 담고 있으며, 허버트 리드도 이러한 합일점 혹은 연결점에 대해 묘사한 적이 있다.

> 시나리오와 문학 사이에 연관성이 없다고 생각하는 사람들은 영화뿐만 아니라 문학에 대해서도 잘못된 개념을 가지고 있는 것 같다. 그들은 문학을 점잖고 학문적인, 다른 말로 하자면 정확한 문법과 거창한 연설조의 말로 구성된 버림받고 시대에 뒤떨어진 것으로 간주하는 것 같다. 그런 생각을 하는 사람들은 감수성이 부족한 사람들이다. 좋은 글의 특징을 내게 말하라고 한다면 나는 한 마디로 말할 수 있다. 시각적인 것. 문학을 기본적인 요소로 축소시키게 되면 결국 한 가지 목적, 즉 말로써 이미지를 전달하는 것에 귀결된다. 단지 이미지를 전달하는 것. 마음으로 보게 하는 것. 뇌 속에 있는 스크린에다 움직이는 사물과 사건을 투사하는 것. 그것이 호메로스와 셰익스피어로부터 제임스 조이스와 어니스트 헤밍웨이에 이르기까지 적용되는 훌륭한 문학의 정의, 모든 위대한 시인의 업적이다. 이것은 또한 이상적인 영화의 정의이기도 하다.[10]

영화와 문학이 사용하는 매개체와 수단이 다르다는 것을 인정하더라도——그러나 앞으로 보게 되겠지만 그렇게 극단적으로 다른 것은 아니다——둘 사이에는 상당한 공통점이 존재하기 때문에, 오늘날 영화가 창조하고 확대하는 시각적 문학성은 그리스 시대 이래로 문학과 문화에 연관되었던 언어적 문학성의 확장, 혹은 그것의 또 다른, 매우 밀접하게 관련된 버전이라고 주장할 수 있을 것이다.

오늘날 사람들이 애써 주장하는 언어와 영상의 분리, 활자 시대의 종식과 전자 영상 시대 도래의 선언, 탈(脫)문자적인 인간의 진단 등은 내가 보기에 현상을 너무 과장되게 평가하는 것 같다. 새로운 해독 능력, 시각적 이미지의 흐름을 '읽는' 능력은 중요한 혁신이나 발명에 종종 수반되는 혼돈되고 걷잡을 수 없는 과도한 성질들을 가끔 띠고 있다. 그러나 나는 이런 새로운 해독 능력이 종래의 해독 능력의 부정이기보다는, 그 개념 자체의 확장 혹은 확대라는 사실이 점점 더 분명해지고 있다고 믿는다. 그리고 이 새로운 해독 능력이 언어적 해독 능력과의 연관성을 개발하고 인식하기만 한다면, 머지않아 문획의 걸작들에 뒤지지 않는 예술 작품이 탄생할 토양을 가꿀 수 있으리라고 생각한다.

조지 스타이너가 그의 《언어와 침묵》이라는 저서에서 그토록 웅변적으로 호소했던, 그러나 거기에 대해 그다지 낙관적인 입장을 견지하지는 않았던 인간적 해독 능력 또한 종래의 해독 능력과 새로운 해독 능력의 결합을 통해 달성될 수 있을 것으로 보인다. 스타이너는 언어의 두 가지 주된 기능을 "우리가 법이라고 부르는 인간적 질서의 전달과, 우리가 우아함이라고 부르는 인간 정신의 핵심의 전달"로 보고 있다.[11] 영화는 문학과 함께 두번째 기능을 이미 공유하고 있으며(주인공의 삶에 관여했던 모든 등장인물들이 눈부신 공감의 제스처로 원을 그리며 손을 잡고 춤추는 펠리니의 《8½》의 마지막 장면은 수많은 예 중의 하나이다), 첫번째 기능조차도 공유하게 될 것이다.

  허버트 리드가 지적했듯이 많은 사람들은 영화를 문학의 영역에 끌어들이는 시도를 반대하며, 오늘날 문학적인 작업은 이러한 반대를 그럴 듯하게 대변하고 있다. 문학 연구가 그 어느 때보다 더 많은 사람들의 시간과 노력을 사로잡고 있는 이 시기에 문학 연구의 범위, 특히 현대 문학 연구의 범위가 급격히 축소된 것은 매우 이상하면서 설명하기 힘든 현상이다. 르네상스 문학 연구는 종전에는 시·희곡·소설뿐만 아니라 신학·철학·교육·과학·역사·전기·저널리즘·관습·도덕·항해에 대한 저작들도 포함했고, 지금도 어느 정도 그러하다. 이런 현상은 현대 이전 거의 모든 시기의 문학 연구에 어느 정도 적용된다. 그러나 20세기 문학 연구만은 시·희곡·소설에 한정되어 있었고, 대학에서 연극학과가 많이 개설되면서 문학하는 사람들을 점점 더 시와 소설에만 한정시켰다. 이처럼 소위 창작품에만 관심을 한정하는 것은 문학 연구에 극영화를 포함시키는 데 유리할 수도 있고, 또 전국영어교사협의회에서 최근 발간한 《영화와 영어 교육》이라는 책도 이러한 방향을 지향하는 것 같다. 그러나 내가 영화와 문학의 연구를 주장하는 것은 이러한 의미에서가 아니다. 나는 영화 대본을 비롯해 글로 쓰인 모든 것들이 문학 연구의 적법한 대상으로 간주되는 풍토를 선호하며, 영화가 문학의 분파라고 주장하는 것도 이러한 광범위한 의미에서이다. 이러한 주장은 겉보기처럼 광범위하지는 않다. 왜냐하면 단지 우리가 문학을 광범위하게 정의하기만 한다면 특정 영화와 특정 종류의 영화들이 특정 문학 작품, 혹은 문학의 장르와 비슷하거나 연관이 된다는 것을 보여 줄 수 있기 때문이다.

문학 연구에서는 소설·서사시·희곡, 그리고 다른 장르들을 각각의 특질과 장점을 가진, 제재에 대한 각자의 요구와 통제를 가진 독립된 형태로 간주하는 것이 보통이다. 훌륭한 희곡은 시로 다시 쓸 수 없고, 훌륭한 시를 소설의 형태로 바꿀 수는 없다. 마찬가지로 가장 흔한 영화 형태이면서 사람에 대한 이야기를 보여 주는 극영화는 다른 형태로 훌륭하게 바꿀 수 없는 것이다. 물론 영화에서는 '각색' 작업이 많이 행해졌다. 수많은 희곡과 소설, 심지어 시까지도 영화로 만들어졌고 많은 비평적 관심이 연극과 영화, 소설과 영화의 연관성에 대해 기울여졌다. 그러한 연관성은 중요할 수도 있다. 그러나 이러한 연관성은 번역이라고 보통 불려지는 연관성에 지나지 않다는 것을 깨달을 필요가 있고, 또 번역이라는 것은 드라이든이나 로버트 로웰이 말한 '모방'에 반대되는 개념으로서 그 과정 속에서 필연적으로 무언가를 상실하게 된다. 희곡을 영화로 번역할 수 있지만, 그렇다고 희곡과 영화가 근본적으로 같지 않다는 사실을 잊어서는 안 된다. 러시아의 시인 알렉산드르 알렉산드로비치 블로크는 1918년 요청에 의해 글을 쓰면서 이 사실을 이해하였다. "내가 영화를 위해 써놓은 것은 없지만 쓰고 싶은 생각은 몇 번 했었다. 내 생각에 영화는 연극과 공통점이 전혀 없고 연관되지도 않았으며, 경쟁관계에 있지도 않고 서로를 파괴하지도 않는다. 한때 유행했던 '연극과 영화'에 대한 논의는 내게 비현실적이다. 나는 영화의 있는 그대로를 사랑해 왔다."[12]

연극과 영화에 대한 진리는, 조지 블루스톤이 그도록 애써 보여 주었듯이 소설과 영화의 관계에서도 마찬가지로 진리이다. 이야기를 한 가지 형태에서 다른 형태로 옮길 수는 있지만 소설이 훌륭하다고 좋은 영화가 되지는 않는다. 《워터프론트》는 훌륭한 영화이지만 나중에 소설로 나왔을 때는 그렇지 못했다. 조이스의 《율리시스》는 위대한 소설이지만 영화로는 그저 그랬다. 알랭 레네는 이 문제를 단도직입적으로 설명한다. "나는 소설 각색본을 찍고 싶지는 않다. 왜냐하면 작가는 소설의 형태로 자신을 완벽하게 표현했고, 그것을 영화로 만드는 것은 식사를 데워먹는 거나 마찬가지이기 때문이다."[13]

문학의 다양한 종류 가운데서 현대 소설과 현대 시가 극영화의 형태와 방법에 가장 접근했다. 허버트 리드는 "상상력의 영화——위대한 연극, 위대한 문학, 위대한 회화와 견줄 수 있는 예술 작품으로서의 영화——는 시인이 스튜디오에 들어서기까지는 도래할 수가 없다"고 말했다.[14] 다른 사람들은 이런 일이 이미 일어났으며, 여전히 진행되고 있다고 주장한다. 스탠리 카우프만은 베리만·펠리니·안토니오니 등이 "미국인을 포함한 다른 감독들과 함께 영화를 그동안 소설과 형이상학파 시의 영역이었던 은밀한 내면, 혹은 심지어 무의식의 영역에까지 확장시켰다"고 지적한다.[15] 아녜스 바르다는 "소설을 쓰듯이 영화를 만들고 싶다"고 했으며, 알랭 레네도 《히로시마 내 사랑》에 대해서 "이미지가 텍스트의 대위법 역할을 할 수 있는 일종의 시를 쓰려고 했다"고 말했다.[16] 장 콕토는 마지막 원리를 적용하여 많은 영화를 만들었다. 특히 《시인의 피》와 《오르페우스》는 주로 현대 시와 연관된 기법에 널리 의존한 것으로 유명하다.

자신의 영화를 가리켜 "한 세계와 다른 세계 사이의 변경에서 일어나는 사건"의 연구라고 묘사한 사람도 콕토였다.[17] 그가 말한 변경이란 실재와 외양, 실제 세계와 카메라의 세계, 꿈과 예술, 죽음과 삶 사이의 경계선이다. 그의 표현은 그가 의도했든 하지 않았든 다른 의미로 해석할 수 있을 것이다. 왜냐하면 그의 영화와 다른 재능 있는 많은 사람들의 영화는, 말의 세계와 영상의 세계 사이에서 벌어진다는 점에서 '변경의 사건'이기 때문이다.

2

영화의 문학적 근원과 배경

〈디킨스·그리피스, 그리고 오늘날의 영화〉에서 세르게이 에이젠슈테인은 찰스 디킨스의 소설이 초기 영화에 미친 중요성에 대해 처음으로 주의를 기울였고, 그의 작품이 그리피스의 혁신적 기술로 인해 영화에 구현되었다는 것을 처음으로 보여 주었다. 가령 에이젠슈테인은 "주전자가 그것을 시작했다"로 시작되는 《벽난로 위의 귀뚜라미》(그리피스가 영화화했다)의 서두 부분을 자세히 읽는다면 클로즈업을 발견할 수 있다고 지적했다. 에이젠슈테인은 또 괴상하고 주변적인 인물들을 생생하게 묘사하는 디킨스의 재능과 "디킨스 전통의 동정심이 가는 노인들, 고귀하지만 슬픔에 잠긴 일차원적 인물들, 연약한 처녀들, 그리고 시골 수다쟁이와 잡다한 등장 인물들"을 묘사하는 영화의 경향 사이의 유사성을 발견한다. 그 글에서 에이젠슈테인은 그리피스가 디킨스로부터 차용해 온 것 중 가장 유명한 것이 크로스커팅이라고 지적하면서 몽타주——영화 구성에서 가장 중요한 원리——의 공인된 발견자인 그리피스가 "동시 진행 액션의 기법을 통해 몽타주에 도달했으며, 이런 아이디어를 얻게 된 것이 바로 디킨스에 의해서였다"고 주장한다. 게다가 에이젠슈테인은 디킨스가 비범한 시각적 감각으로 영화에서 구현할 수 있는 캐릭터를 창조할 수 있었다고 주장한다. "아마 비결은 디킨스가(그리고 영화가) 뛰어난 유연성을 만들어 낼 수 있다는 데 있을 것이다. 소설에서의 관점은 시각적 특질만큼이나 뛰어나다. 디킨스의 캐릭터들은 오늘날의 영화 주인공들처럼 유연하고 약간 과장되어 있다." 에이젠슈테인은 디킨스가 공장·기계·철로를 문학에 끌어들인 점에 주목하면서, 디킨스의 작품에 "이러한 '도시성'이 나타나는 것이 주제뿐 아니라 역동적(몽타주)으로 도시를 묘사할 때 머리가 빙빙 돌 정도로 변화하는 인상을 빠르게 기록하는 데서도 볼 수 있다"고 지적한다. 에이젠슈테인은 "디킨스가 나름대로 영화적 '시각적 특징,' '프레임 구성,' '클로즈업,' 그리고 특수 렌즈를 통한 강조점의 변화 등을 추구했던 것처럼 그리피스도 디킨스적인 날카로움과 명쾌함을 지니고 있다"고 주장한다.[1]

에이젠슈테인은 이처럼 대담하게 영화 기법과 문학적 기법을 비교하는 것이 내포하고 있는 함정을 잘 알고 있었다. "유추와 유사를 너무 따지게 되면 설득력과 매력을 잃게 된다. 그럴 경우 조작이나 속임수의 느낌이 들게 된다. 디킨스와 그리피스의 유사성이 너무 많이 지적된 나머지 이것이 비슷한 표식찾기 같은 게임으로 전락하여 설득력을 잃게 된다면 매우 유감스러운 생각이 들 것이다"고 그는 지적한다.[2] 에이젠슈테인 자신은 좀처럼 이런 함정에 빠지지 않는다. 실제로 그의 글은 디킨스의 주제, 소설의 기법, 그리고 때로는 어조가 중요한 미국 영화 혁신자인 그리피스에게 영향을 미쳐 새로운 영화 형태와 소설이 결합되고 있음을 분명히 보여 주고 있다. 영화는 19세기 후반의 소설에 광범위한 뿌리를 두고 있기 때문에 영화적 서사가 디킨스에게만 빚을 지고 있는 것은 아니다.

가령 현대 소설의 서사를 사용하는 영화 서사는 단순하고 단선적이며, 시간적으로 일관된 서사 진행으로부터 탈피하는 경향을 보여 왔다. 영화는 평범한 시간적 진행을 쉽게 잘라서 재배열할 수 있다. 플래시백에 많이 의존하고, 동시에 일어나는 많은 사건을 보여 주기를 선호하기 때문에 영화 서사는 시간을 조작할 수 있는 것으로 보는 베르그송의 현대 시간 개념과 매우 유사하다. 현대 소설에서의 '공간적 형태'를 논의하면서, 조지프 프랑크는 이처럼 새로운 종류의 서사가 적어도 플로베르까지 거슬러 올라가고 있음을 지적하면서 세 가지 차원의 행동을 동시에 보여 주는 《보바리 부인》의 시골 축제 장면을 공간적 형태를 최초로 분명하게 보여 주는 예로 들고 있다.[3] 이러한 점을 현대 소설에서 인정할 수 있다면 플로베르의 자유로운 시간의 사용, 그리고 시각적으로 이해할 수 있는 공간에 대한 의존은 영화 서사가 궁극적으로 발전해 나가는 방향을 어느 정도 보여 주고 있다고 주장할 수 있다.

헨리 제임스의 시대로부터 소설은 시각적 특질에 점점 더 관심을 보여 왔다. 제임스 자신의 목적은 독자에게 모든 것을 보여 주고, 설명을 피하고, 작가가 자신의 서사에 나서서 끼어드는 것을 무슨 일이 있더라도 피하는 것이었다. 이 시점부터 현대 소설은 완벽하게 극화된 무엇, 독자가 모든 것을 보고, 작가의 말을 듣지 않고, 작가의 존재를 전혀 느낄 수 없는 이야기 쪽으로 점점 더 의식적으로 나아갔다. 필딩으로부터 톨스토이와 새커리에 이르기까지 작가가 모든 것을 논의하는──《전쟁과 평화》에서 사료 편찬에 관한 글, 혹은 《톰 존스》 매권의 1장에 여러 가지 주제에 대해 편하게 쓴 필딩의 글──소설은 20세기에는 대부분 사라졌고, 대신 완전히 극화된 소설이 등장했다. "나의 목적은 독자들로 하여금 보게 하는 것이다"라는 콘래드의 주장으로부터 포드 매덕스 포드가 《좋은 군인》에서 쓴 기법, 포스터가 《하워즈 엔드》에 붙인 중요한 '연결하라' 라는 제사(題詞), 그리고 20세기 초의 거의 모든 주요 소설에 이르기까지 소설은 독자가 모든 이야기를 볼 수 있게 하는 데 점점 치중해 왔다. 그리고 이러한 발전은 영화에서 말하는 이야기의 개념에 분명한 영향을 미쳤다. 주로 실험 영화인 몇몇 영화의 경우에만 옛날의 느슨하고 어떤 의미에서 풍부한 소설들이 영화에 반영되었다. 콕토의 《오르페우스의 유언》, 웰스의 《시민 케인》, 그리고 펠리니의 《8½》은 이런 방향으로 나아가는 것 같지만, 이런 한정된 시도들은 영화 서사에 끼친 주된 영향이 바로 현대 소설로부터 왔다는 것을 보여 주는 역할을 할 뿐이다.

다른 영향에 대해서는 말하기가 그리 쉽지 않다. 마크 트웨인이 소리에 많이 의존하고, 남부 사투리를 훌륭하게 재현하고, 또 《허클베리 핀의 모험》에서 소년의 눈을 사용한 것은 영화가 소리를 갖게 되면서부터 영화에 간접적인 영향을 끼쳤는지도 모른다. 어떤 의미에서 트뤼포의 《400번의 구타》는 현대판 《허클베리 핀의 모험》이지만, 트웨인이 실제로 영화에 상당한 영향을 미쳤는지는 확실치 않다. 사실주의나 자연주의와 같은 문학 운동의 특징인 세부의 강조가 세부를 기록하는 영화의 내재적인 능력을 통해 표현된 것은 오히려 쉽게 눈에 띄는 일이다. 그리피스의 《편협》, 혹은 폰 스트로하임의 《탐욕》과 같은 초기 영화는 졸라나 드라이저가 했던 것처럼 세부를 쌓아두는 의식적인 노력을 보이지만, 사실주의가 큰 영향을 끼친 것은 비교적 최근에 와서야 이탈리아의 네오리얼리즘에서 나타났다.

그러나 처음에는 영화가 연극에 보였던 만큼의 반응을 소설에 보인 것은 아니었다. 헝가리의 이론가이며 영화제작자인 벨라 발라즈는, 영화가 독자적 기법과 재료를 찾기 전에는 연극 공연을 재생하고 널리 보급하는 수단으로만 간주되었기 때문이라고 설명한다. 무성 영화 시절에는 이런 방향으로 영화가 발전할 수 있는 길이 한정되어 있었다. 말을 들을 수 없다면 사라 베른하르트가 엘리자베스 1세 역할을 하는 것을 구경하는 것이 무슨 소용이 있겠는가? 소리가 없기 때문에 영화는 연극으로부터 돌아설 수밖에 없었으나, 소리가 있게 되면서 영화화된 연극이 다시 가능해졌고 매우 수월해졌다. 《프런트 페이지》로부터 《공원을 맨발로》에 이르는 브로드웨이 연극의 영화 각색본은 말할 것도 없고, 폰테인-누레예프의 《로미오와 줄리엣》과 같은 최근의 연극 공연들은 영화의 단순한 복사 기능, 연극 기록용으로서의 영화에 대한 요구가 여전히 존재한다는 것을 보여 준다.

연극과 영화의 이론적이고 실제적인 차이가 분명히 존재하지만 어떤 의미에서 영화는 초기 연극으로부터 어떤 경향을 물려받았으며, 심지어 극작가들이 가끔 꿈꾸어 오던 매개체를 제공하기도 하였다. '불의 뮤즈'와 영화 카메라 사이에는 상당한 차이가 존재하지만, 그렇다 하더라도 셰익스피어의 《헨리 5세》에서 코러스의 존재는 무대의 한계에 대해 충분히 인식하고 있음을 보여 준다. 코러스는 연극에서 사용 가능한 고정된 영역, 행동의 제한된 범위, 상징적이고 암시적인 행동의 필요에 대해 말한 다음 시점의 이동이 가능할 수 있도록 관객에게 상상력을 사용하라고 요청한다. 이 극에서 말하는 연극적 한계를 과도하게 해석하지 말도록 조심해야 한다. 로렌스 올리비에가 만든 《헨리 5세》

에서 대부분의 행동이 평평한 무대용 배경막 앞의 고정된 세트 같은 장소에서 벌어질 수 있는 것은 바로 이 영화의 장점이다. 올리비에는 카메라를 과도하게 움직이면 연극으로서의 특징을 상실하게 되며, 셰익스피어의 의도를 살리려면 영화적인 기법을 전적으로 사용하는 것을 자제해야 한다는 사실을 깨달았다. 《헨리 5세》에서 견지되었던 원작에 대한 존중이 올리비에가 나중에 만든 《햄릿》에서는 드러나지 않으며, 그것이 《햄릿》이 더 훌륭한 연극이면서도 영화에서는 그다지 효과적이지 않았던 이유가 될 것이다.

연극과 곧 등장하게 될 영화의 연관성이 가장 중요하게 대두된 것은, 연극이 에너지를 소진하고 희망 없이 죽어가고 있던 19세기 동안의 일이었다. 우선 연극 자체는 죽어가고 있었지만, 19세기의 극장은 시각적으로 점점 더 화려해져서 마침내 세실 B. 데밀에 의해 실현될 장관을 향해 발전을 계속하고 있었다. 19세기의 화려한 무대는 데이비드 벨라스코의 작품에서 절정을 이루었는데, 그는 수난극을 연출하면서 진짜 말들을 등장시켰고 왕 중 왕을 수천 와트의 전구로 표현했다.

19세기의 많은 시인들도 이런저런 방식으로 연극에 눈을 돌렸으나 좋은 결과로 이어지지 못했다. 실제 공연까지 이루어진 작품도 많지 않았으며, 지속적인 명성을 누린 작품은 전혀 없었다. 워즈워스와 콜리지도 연극으로 작은 성공을 거두었으나, 워즈워스의 《변경의 사람들》이 콜리지의 《로베스피에르의 몰락》보다 더 뛰어나다고 할 수는 없었다. 키츠는 두 번의 극작 시도를 했는데 《오토 대제》는 공동 작업이었기 때문에 신통치 못했고, 《스티븐 왕》은 어려움 가운데 시작되었으나 끝마치지 못했다. 셸리의 《첸치가(家)》는 당시 공연할 만한 몇몇 작품 중의 하나였는데, 제재를 이탈리아 역사에서 가져오고 기법을 영국 르네상스 비극에서 빌려 와 그 당시에도 시대극에 지나지 않았다. 19세기 후반으로 가면서 브라우닝은 많은 극을 썼고, 이것은 또다시 그리피스를 통해 영화에 영향을 미쳤다. 그러나 일반적으로 영화는 본격 희극보다는 19세기의 레제드라마(Lesedrama; 서재희곡)에 더 많은 영향을 받았다. 그리고 바이런의 《맨프레드》 이후로는 레제드라마, 혹은 토머스 하디가 '극 형태'라고 부른 연극이 본격 희극보다는 더 많은 작가의 입맛에 맞았다. 레제드라마는 실제 무대극의 힘과 효과를 갖추지 못하고 있는 반면 동시에 물리적 무대의 한계로부터도 자유로웠다. 《맨프레드》로부터 아널드의 《에트나 산 위의 엠페도클레스》에 이르기까지, 우리는 작가들이 레제드라마를 이용하여 극적 행동을 마음대로 장소 이동하고, 시점을 통제하고, 완전히 자유롭게 우리의 시선을 웅대한 파노라마 혹은 미세한 세부로 집중시키는 것을 볼 수 있다.

이러한 레제드라마의 양상, 즉 시간·장소·행동·시점에 있어서의 더 큰 융통성은 톨스토이의 《전쟁과 평화》와 같은 주제를 다룬 서사극인 토머스 하디의 《패왕》에서 절정에 달했다. 3부 19막 130장으로 된 하디의 작품은, 풍부한 사건·인물·볼거리뿐만 아니라 역사에 대한 태도를 독자에게 제공한다는 점에서 《전쟁과 평화》와 유사하다. 19세기 후반의 이 두 작가에게 있어서 나폴레옹 전쟁은 우리의 역사관의 재조정을 요구하는 듯해 보였다. 즉 19세기초에 일어난 놀랍고 예측불허한 사건들을 어떤 방식으로든 설명하여야 했던 것이다. 두 작가가 나름대로 그 시대를 설명하고 완전히 제시하려고 할 때, 그들은 기존 형태의 한계를 넘어서기 위하여 애를 써야만 했다. 톨스토이의 소설은 역사 이론에 대한 글들로 끝을 맺고 있으며, 하디의 거대한 드라마는 특별한 인물(세월의 오래 된 영과 같은), 특수한 기계, 그리고 하디의 운명론적 역사관을 극화한 장면들로 가득 차 있다.

하디는 세 가지 이유에서 서사체 형태보다는 극적 형태를 선택한 것 같다. 아무런 설명 없이 재빨리 장소 이동을 할 수 있다는 점, 독특한 방법으로 자신의 역사 이론을 실현할 수 있다는 점, 그리고 가장 중요한 이유로 유동적이고 섬세하고 변화하는 시점을 자유롭게 탐색하고 사용할 수 있다는 점 때문이다. 하디는 서문에서 《패왕》의 파격적인 형태에 대하여 설명한다. "레제드라마 형태로 쓰인 글은 공연 목적이 아니라고 말하는 것은, 그러한 글이 그동안 많이 쓰여져 왔다는 말을 다르게 표현하는 것뿐이다. 그러한 글쓰기에 대해 간단히 정의내리기는 힘들지만 그것과 피상적으로 비슷한 글에 대해서는 이미 정의가 내려져 있다." 돌이켜볼 때 《패왕》은 하디가 쓰고 싶어했던 형태가 오늘날의 시나리오와 비슷한 형태라는 것을 시사해 준다. 하디는 계속적으로 시점을 조작하며——가끔은 크레인 위에 장착된 카메라처럼 유연하다——《바람과 함께 사라지다》에서 부상당한 남부군을 물러서면서 찍는 유명한 장면과 같은 효과를 거두고 있다. 다음은 《패왕》의 도처에서 찾아볼 수 있는 영화적 해설의 한 가지 예일 뿐이다. 이는 코루냐 전투에서의 행동을 묘사하고 있다.

무어가 전선에 도착할 때, 프레이저와 파제트는 영국군들이 압박을 받고 있는 우측으로 이동한다. 포도탄에 베어드의 팔이 날아간다. 혼란이 있은 후 그는 후방으로 이송되고, 네이피어 소령은

포로로 사라진다.

이러한 불운의 소식이 존 무어 경에게 전해진다. 그가 더 앞으로 전진해 몸소 42연대와 근위병대대의 앞장을 서자, 이 부대들은 총검으로 적을 격퇴한다. 병사들을 독려하는 그의 제스처는 열정적이다. 쫓고 쫓기는 자들, 그리고 존 경 자신은 언덕 너머로 사라진다……

시점은 영국 진지의 후방으로 내려간다. 1월초의 저녁 어스름이 내리기 시작했고, 당황한 함성이 무어와 진격부대가 사라진 언덕 너머에서 들려 온다.

어둠 속에서 비틀거리는 병사들이 들판을 가로지른다.

첫번째 병사: 그가 대포를 맞았다는 사실을 나는 안다. 그러나 그가 죽지 않기를 하나님께 기도한다.[4]

1915년 그리피스가 대규모의 시간적·행동적 스케일을 갖춘 미국 남북 전쟁에 대한 대규모 작품을 제작하려고 했을 때, 그리고 그 결과 탄생된 《국가의 탄생》은 하디의 《패왕》과 놀라운 유사성을 보인다.

19세기에 있었던 연극의 극단적으로 상반된 발전, 즉 벨라스코의 스펙터클 드라마와 독서용으로만 쓰인 레제드라마가 공유하는 유사성이 있다면 그것은 무대의 한계(그리고 장점)를 못 견뎌 한다는 것이다. 볼거리를 제공하고 싶은 욕망과 관객의 시점을 마음대로 바꿀 수 있는 형태를 만들고 싶은 두 가지 욕망이, 영화라는 새로운 예술에서 마침내 성공적으로 표현될 수 있게 된 것이다.

현대의 문학 장르 가운데는 시가, 특히 이미지의 사용과 연상

논리의 사용이라는 문제에 있어서 영화에 가장 가까운 것 같다. 우리는 보통 현대 시의 근원을 19세기에서 찾는다. 영화 스타일의 어떤 요소들도 같은 근원에서 찾을 수 있다. 가령 월트 휘트먼의 놀라운 업적은 현대 시뿐만 아니라 영화 형식에도 상당한 영향을 끼쳤다. 그 이유가 명확치는 않지만 휘트먼은 당시의 표준적인 시 형태에서 탈피하였다. 이러한 탈피가 이루어지기 전에 쓴 그의 초기 시는 다음과 같다.

> 오 컬럼비아의 신이여! 오 자유인의 방패여!
> 우리의 조상들이 미국의 영광을 옹호했던
> 피 묻은 땅, 붉은 전장은
> 옛 이야기의 신전보다 그대에게 더 감사해야 하리!

이 시는 어떤 기준으로 보아도 문제가 많다. 리듬이 너무 튀고, 지나친 애국주의가 단순한 운율에 의해 너무 생경하게 드러난다. 몇 년 후 휘트먼은 같은 주제를 전혀 다른 방식으로 시도한다.

> 갑자기, 답답하고 졸린 잠자리에서, 노예의 잠자리에서
> 번개처럼 유럽이 튀어나왔다.
> 죽음의 형제인 아히모스처럼
> 음침하고, 힘세고 무서운 모습으로.
> 그래, 그건 감미로웠어!
> 짧지만 단단히 영광스럽게
> 왕들의 목을 움켜쥐는 것은.

시행이 불규칙적이지만 어쩔 수 없이 그런 것처럼 보인다. 그러나 속도와 에너지와 생생함은 눈에 띄게 증가했다. 이러한 행들은 나중에 개작되어 《풀잎》에 나타난다. 그때쯤에는 완전히 발전된 휘트먼 스타일을 엿볼 수 있다.

> 갑자기 답답하고 졸린 잠자리에서, 노예의 잠자리에서
> 번개처럼 유럽이 뛰쳐나왔다…… 스스로에 반쯤 놀라서
> 발은 재와 쓰레기를 딛고…… 손은 왕들의 목을 움켜쥐면서.[5]

휘트먼은 더 이상 운율을 기본적 단위로 사용하지 않았고, 따라서 고정된 길이를 지키지 않았다. 이제 다양한 길이를 가진 시행이 그의 단위가 되었고, 그것은 수사학적인 단위로서 자체 내에서 세심하게 균형잡히고 강조되었다. 그는 문장에 기초한 안정되고 일관된 구문이 더 이상 시의 의미를 전달하지 않는 종류의 시를 만들어 냈다. 이것은 여러 종류의 병치를 통해 이루어졌는데, 이 기법은 옛 히브리 시에서 찾아볼 수 있는 것이다. 이러한 변화의 중요성은 아무리 강조해도 지나치지 않다. 다양한 시행을 단위로 사용함으로써 휘트먼은 서구 시를 특징지었던 고정되고 균형잡히고 질서정연한 특징을 자신의 시에서 제거했다. 질서 대신 그는 에너지와 흥분을 집어넣었다. 그의 시는 독자에게 고정된 형태를 성취한 느낌보다는 발견의 기쁨을 준다. 혹자는 휘트먼이 '민주적 미학' 정신에서 일부러 이렇게 했다고 주장한다. 구세계를 계급 구조, 고정된 생활 패턴, 엄격한 행동 규범 등으로 연상했기 때문이다. 휘트먼은 규정된 시는 규정된 사람에게 맞는 완벽한 표현 도구라고 생각했을 수 있다. 그러나 미국은 자유롭

고, 자라고 있고, 고정되지 않고, 규범에 얽매이지 않고, 에머슨의 말대로 운율이 아니라 주장이 필요한 나라였다. 그러나 이유야 어떻든 휘트먼이 개발한 새로운 자유 형식은 시뿐만 아니라 최근에는 영화에도 영향을 미쳤으며, 휘트먼 시의 특징은 그것이 에즈라 파운드·윌리엄 칼로스 윌리엄스·로렌스 펄링게티·그리피스·파레 로렌츠·아돌파스 메카스 등 누구에게 나타나든지 질서가 아닌 다른 무엇을 강조하는 것이었다.

휘트먼이 사용한 무한히 다양한 병렬 서술은 어떤 주장을 하는 데 있어서 논리를 대신하게 된다. 나중에 영화에서 몽타주가 그러하듯이 휘트먼은 이미지를 나열하여 이미지들 스스로 논리를 세우도록 하는 기법을 사용하였다. 가령 《풀잎》에 나오는 다음 구절은 요람에서 무덤까지의 인생에 대한 진술을 하고 있지만 그것은 전적으로 이미지를 통해 하고 있다.

어린 아기가 요람에서 잠잔다.
나는 너울을 쳐들고 오래 쳐다보며 조용히 손으로 파리를 쫓는다.
젊은이와 붉은 얼굴의 소녀가 덤불진 언덕에서 서로를 지나친다.
나는 꼭대기에서 그들을 응시한다.
피가 흥건한 침실 바닥에 자살자가 널부러져 있다.
그것은 너무나…… 나는 시체를 본 것이다…… 거기 권총이 떨어져 있다.

도입부의 사유로운 행, 병렬, 혹은 몽타주 기법과 함께 휘트먼이 재능을 보이고 있는 것은, 혹은 선호하는 것은 바로 구체적인 세부이다. 일반적이고 추상적인 것을 경계하며, 휘트먼은 다큐멘터리 영화가 자잘한 세부를 통해 영화를 만들어 가듯 구체적인 사물·사람·장소를 나열하면서 시를 채운다.

순조의 알토가 오르간석에서 노래한다.
목수는 목재를 다듬는다…… 막대패의 혀가 난폭한 혀짤배기 소리를 휘파람 분다.
미혼 기혼의 자녀들이 감사절 정찬을 먹으러 집으로 달려간다.
선장은 중심 핀을 잡고 강한 팔로 배를 한쪽으로 기울인다.
선원은 작살과 창을 붙잡고 단단히 결심을 한 채 포경선에 서 있다…….

휘트먼의 많은 기법을 밝혀내고 정의내릴 수는 있지만, 휘트먼의 시를 모방하기는 사실상 불가능하다는 것은 잘 알려진 사실이다. 이것은 아마도 휘트먼의 기법을 지탱하는 힘과 그것을 몰아가는 힘이, 《풀잎》 초판 첫째 시의 서두에서 그가 밝히고 있듯이 시를 찬양으로 보는 그의 시 개념에 있기 때문일 것이다.

나는 나 자신을 찬양한다.
내가 생각하는 것을 너도 생각할 것이다
왜냐하면 내게 속한 모든 원자가 너에게도 속한 것이기에.[6]

휘트먼이 시를 찬양으로 생각하고 사용했다는 점은 그가 시인을 제작자, 자신의 비전을 제시하는 예언가·주장자·논쟁자·교사로 생각하지 않았다는 점을 시사해 준다. 시인은 단지 사물을 보는 증인이며, 그의 습관적 생각은 수용이다. 휘트먼의 대부분의 추종자들은 시를 찬양으로 보는 그의 생각을 받아들였으며, 그의 넓고 포용적인 사고를 수용했다. 그래서 그의 테크닉을 따라 할 수가 없는 것이다. 그러나 여기에서 주장하고 싶은 것은 휘트먼의 시와 당시 아직 발명되지 않은 영화 사이의 유사성이다. 휘트먼은 "시인의 증거는 그가 조국을 포용하듯이 그의 조국이 그를 애정으로 포용하는가 하는 데 있다"고 말한 적이 있다.[7] 영화와 휘트먼의 시는 둘 다 미국에서 생겨났고, 휘트먼의 민주 미학처럼 사회와 정치적 이념에 근원을 두고 있다. 영화와 그의 시는 눈앞에 있는 사물을 받아들이고 제시한다. 각각은 엄청나게 많은 주제들에 압도당하며 감동받는다. 양자는 모두 불규칙적이며 고도로 역동적인 기본 단위를 갖는다. 또 전통적인 구문보다는 병렬과 병치에 강하게 의존한다.

이것이 전부가 아니다. 이미지즘으로 그 전성기에 도달한, 그리고 영화에도 영향을 미친 회화적 시가 휘트먼에 그 뿌리를 두고 있기 때문이다. 휘트먼의 장시뿐만 아니라 짧은 시에서도 사물에 대한 그의 강렬한 시각적 통찰력이 드러난다. 장시는 사물들을 길게 열거하지만, 그의 짧은 시는 단 한 가지 이미지 그 이상도 그 이하도 아니다. 가령 《북소리》에 실려 있는 다음 시는 언어로 만들어 낸 그림일 뿐이다.

초록빛 섬 사이를 굽이쳐 오는 긴 행렬,
뱀처럼 구불거리는 길을 택하여 그들은 태양 아래 팔을 펄럭인다──들어라 쩔렁거리는 음악 소리,
은빛 강물을 바라보라. 거기서 말들이 철벅거리며 멈춰 서 물을

마신다.

　구릿빛 얼굴을 한 남자들을 보라. 각각의 무리, 사람은 하나의 그림, 지친 자는 안장에서 쉬고 있다.

　맞은편에서 몇몇 사람들이 나타나고, 다른 무리들은 시내를 막 들어설 그때,

　진홍빛과 청색과 눈처럼 흰

　부대기가 경쾌하게 바람에 나부낀다.[8]

이런 시는 휘트먼의 장시보다 질서정연하고 덜 화려하고 고정된 것처럼 보인다. 그러나 그 질서란 시각적인 것이며, 화가가 배열을 질서 있게 하듯이 엄격한 단어의 절제와 장면에 대한 세심한 시각적 통제를 포함하는 것이다. 영화처럼 이 시는 우리가 그림을 보기를 원하며 결코 의미를 강요하지 않는다.

19세기가 되면서 명백한 산문적 의미가 있는 시는 점점 더 호응을 받지 못했다. 내적인 격렬한 경험들이 사물을 설명하는 이성적 사상 체계나 태도보다 훨씬 풍부하고 흥미로워졌다. 그래서 랭보는 〈취한 배〉에서 정확히 설명할 수는 없지만 마음에 그림을 떠올리게 만드는, 생생하고 무서운 이미지의 콜라주를 만들어 낼 수 있었다.

　유유한 강물을 타고 내려올 적에,
　더 이상 수부들에게 이끌리는 느낌은 아니었어.
　홍피족들 요란스레 그들을 공격했었지,
　색색의 기둥에 발가벗겨 묶어 놓고서.

플랑드르 밀과 영국 솜을 져나르는
선원들이야 내 알 바 아니었어.
배를 끄는 수부들과 함께 그 북새통이 끝났을 때
나 가고 싶은 데로 물살에 실려 내려왔으니.[9]

  이런 시도가 전혀 새로운 것은 아니다. 콜리지의 〈크리스타벨〉, 셰익스피어의 노래, 중세의 서정시 등에서도 이런 시도를 볼 수 있으나, 대부분 사람들의 일상적이고 수용 가능하며 질서정연한 경험을 넘어서려는 고의적 시도는, 에릭 헬러의 말대로 시인들이 고의적으로 '내면을 탐색하고 식민지화' 시키면서 문학의 새로운 힘이 되었다. 랭보의 시에서 틀이 항해이기 때문에 힘의 방향은 발견 쪽으로 나아가지만, 그 방법은 현대 시에서 점점 더 많이 볼 수 있듯이 설명 없이도 존재할 수 있는 일련의 이미지를 구축하는 것이었다. 그러한 시는 휘트먼의 시처럼 사물을 설명하기보다는 선언하는 데 더 관심이 있기 때문에 찬양적이라고 부를 수 있을 것이다. 그리고 이러한 의미에서 현대 시와 영화는 많은 부분에서 찬양적이 되었다. 휘트먼의 시가 그리피스의 《편협》에서부터 파레 로렌츠의 《강》, 그리고 아돌파스 메카스의 《할렐루야 언덕》에 이르기까지 위대한 영화와 많은 점을 공유한다면, 랭보의 특별한 접근은 장 콕토와 많은 현대 실험 영화제작자들이 사용했다.

  19세기 후반의 전통적인 시인들도 영화에 괄목할 만한 영향을 끼쳤다. 로버트 브라우닝의 극적 독백은 그가 비스듬한 시선과 종종 간과되는 세부에 매혹되어 있음을 보여 주며, 이런 독백에서 볼 수 있는 효과적인 아이러니는 말과 실제 상황의 괴리를 단일 화자를 통해 점점 드러내는 기법을 훌륭하게 통제하는 데서 나온다. 영화의 메타포를 빌리자면, 브라우닝의 기법은 사운드 트랙에 과도하게 의존하는 것이다. 그는 일련의 그림으로 장면을 구성하지만, 독백은 언제나 그림보다 앞서 나가면서 그것을 교묘하게 깎아내리거나 불리한 시점에서 보여 준다. 그래서 사운드는 그림을 그대로 보여 주기보다는 그것을 반박하고 보충하고 재해석하는 것이며, 이런 상호 작용이 그림의 깊이와 풍부함을 더하는 것이다. 브라우닝의 기법은 T. S. 엘리엇의 시적 발달에 중요한 역할을 했으며, 엘리엇의 〈J. 앨프레드 프루프록의 연가〉는 시각과 음향의 교차 기법을 동일하게 사용하여 브라우닝의 독백과 같은 효과를 내고 있다. 시각을 단지 보조하거나 재현하는 것이 아니라 보완하기 위해 음향을 사용하려는 브라우닝의 생각은, 문이 닫히는 소리를 반드시 문이 닫히는 그림과 함께 보여 줄 필요는 없다는 것을 감독들이 깨닫기 시작하면서 유성 영화에서도 등장했다. 《친절한 마음과 왕관》의 희극적 효과는 주인공의 엄숙하고 야심에 찬 독백을 따라 춤추는 장난기어린 영상의 코멘트에서 연유한다.

19세기 후반에 활동했던 또 한 명의 시인 제라드 맨리 홉킨스는, 1918년이 되어서야 시집이 출간되었지만 영화와 비교될 수 있는 방법으로 시어에 활력을 불어넣었다. 홉킨스 시의 활기찬 신선함은 그의 강한 구체적 비전을 증거하여 주고 있다. 그의 시뿐만 아니라 편지·그림, 그리고 '인스케이프(inscape)'와 같은 개념은 명쾌하고 중요하고 신나는 세부로 가득 찬 세계를 강조하고 있다. 이 뛰어난 예수회 시인이 이러한 비전을 구체화했던 시적 수단은 영어의 구문을 유연하게 재조정하는 것 ——그렇게 함으로써 언어에서 단조로움을 제거시켰다——이었다. 그리고 오래된, 앵글로 색슨 단어로 구성된 그의 특별한 어휘들은 그의 시에 근력과 힘줄이 들어간 것처럼 언어에 근육질의 감각을 부여했다.

세상에 대한 홉킨스의 구체적 비전과 어휘에 힘을 주고, 구문에 속도를 붙이는 기법은 시뿐만 아니라 영화에서도 구현될 수 있는 관심사였다. 홉킨스가 모든 사물을 너무나 특별하여 값을 매길 수 없을 정도로 귀한 것으로 본 것처럼, 아녜스 바르다의 《5시에서 7시까지의 클레오》라는 영화도 아름답게 찍힌 파리의 구석구석들로 꽉 차 있어서 감독이 돌·나무·창문·계단·벤치 하나하나의 존재를 완벽하게 인정하고 관찰한 듯한 느낌을 준다. 그녀의 영화는 홉킨스의 시처럼 세상을 찬양하는 한 가지 방법이다. 그러한 작품은 사람을 이상하게 들뜨게 만들고, 사물의 형태와 생명을 더 깨닫게 만들며, 세상을 더 자세하게 보고 싶도록 만든다. 그리고 단어가 가진 힘 때문에 선택된 홉킨스의 어휘들이나, 그의 물결치는 듯한 자유로운 구문은 트뤼포나 를루슈의 영화에서의 편집과도 비슷하다.

예이츠는 한때 현대 시집을 편집한 적이 있는데, 서두에 월터 페이터가 모나리자를 묘사한 유명한 글을 취하여 자유시로 개작하였다. 그런데 페이터의 원문은 산문임에도 불구하고 영화나 현대의 자유시와 매우 유사했다.

그녀는 그녀를 둘러싼 바위보다 나이가 많다. 그녀는 뱀파이어처럼 여러 번 죽었으며, 무덤의 비밀을 배웠다. 깊은 바다 속을 잠수했으며, 몰락한 나날들을 지니고 산다. 동양의 상인들과 신기한 직물을 거래했으며, 레다처럼 트로이 헬레네의 어머니였고, 성 안

나처럼 성모 마리아의 어머니였다. 그리고 이 모든 것은 그녀에게 하프와 플루트의 소리에 불과하다. 맛있는 음식만을 먹으며, 그 때문에 용모가 항상 변하고 눈꺼풀과 손이 물든다.[10]

무엇보다도 이것은 예이츠가 말한 '윤곽이 없는 물체'의 예라고 할 수 있는데, 이것은 현대 회화와 시뿐 아니라 영화의 특징이기도 하다. 페이터가 라 조콘다에게 한 일을 안토니오니는 모니카 비티에게 했으며, 펠리니는 줄리에타 마시나에게 했다. 예이츠 같은 시인이 현대 시의 근원을 회화를 묘사한 산문, 시라고 해도 좋을 만큼 독특하게 쓰인 산문에서 찾고 있다는 것은 훨씬 더 주목할 만한 일이다. 지금은 경계가 희미해진 시와 산문의 차이──지금은 어조·이미지·구문보다 덜 중요한──를 미리 보게 해주는 이 글은 여러 예술의 합작의 가능성을 시사한다. 그리고 이 글은 두 이미지가 어떤 관계가 있는지 설명하지도 않고 한 이미지를 다른 이미지로 대치하는 기법을 과도하게 사용하고 있는데, 이 기법은 영화와 현대 시에서 널리 쓰이고 있는 기법이다.

위에서 살펴본 연관성이 이제 관심을 가지고 되돌아보니 어렴풋이 보일까말까 한 연관성이었다면, 현대 시와 영화의 실제적인 관련은 1910년에서 1920년 사이에 시작했다고 볼 수 있다. 이미지즘이라는 시 운동에 영향을 미친 몇몇 발견과 쟁점들은 작지만 확실한 영향을 영화에 미쳤다. 이 중 하나가 페널로사의 뒤를 이어 파운드가 유행시킨 상형 문자에 대한 매료이다. 위대한 동양학자인 어니스트 페널로사는 한자가 회화적으로 문자를 구성한다는 사실을 지적했다. 어떤 개념이 표의 문자라는 정교한 그림 문자 형태로 표출되는 것이다. 20세기초에 있어서 시의 신선함은 페놀로사의 지적을 파운드가 지지하면서 생겨났다. 태양 위로 식물이 뻗어나는 회화적 상징〔春〕이, 단지 추상적인 '봄'이라는 글자보다 더 살아 있고 생생하다는 사실을 깨닫지 못할 사람이 어디 있겠는가? 공간상의 배열만으로 구문이 되는 언어의 의사소통 가능성에 너무나 탄복한 페널로사는 문장이라는 개념 자체에 도전을 제기했다. 그는 문장의 구조나 형태——주어-목적어-동사로 된——가 원래의 말의 단위에 보탬이 거의 되지 않는다고 지적했다. 파운드는 페널로사의 작업을 매우 흥미롭게 여겼고, 그것을 '모든 미학의 기초에 관한 연구'라고 일컬었다.[11]

  단어의 기능을 이용하여 그림을 만들고, 전통적인 구문이 아니라 병치를 통해 단어를 연결시키는 기법을 전위시와 영화가 동시에 발견하고 활용하기 시작했다는 것은 단지 우연이 아니다. 예를 들어 "군중 속의 얼굴들의 환영/젖은 검은 가지에 달린 꽃잎"이라는 두 행으로 된 파운드의 시 〈지하철 정거장에서〉와, 군중들이 분노로 동요하기 시작하는 쇼트 다음에 바로 빙산이 와르르 무너지는 쇼트를 보여 주는 에이젠슈테인의 영화 시퀀스 사이에는 놀라운 유사성이 있다. 각각의 경우에 두 개의 그림이 단지 합쳐져서 하나의 단위를 이룬다. 각각의 단위에는 동사가 전혀 없다. 파운드는 군중이 꽃과 같은지 다른지, 군중을 보고 꽃이 생각났는지, 군중이 꽃처럼 움직이는지, 혹은 꽃처럼 덧없는 존재인지에 대해 아무 설명을 하지 않는다. 단지 두 이미지가 연관이 있다는 것을 구체적 설명 없이 보여 주는 병치만이 있을 뿐이다. 당시의 많은 다른 시처럼 파운드의 시는 시각 예술로서의 시라고 할 수 있다. 혹은 에이젠슈테인의 시퀀스는 시적 이미지즘을 활용한 영화라고 말할 수도 있겠다.

베이철 린지는 파운드·리처드 올딩턴·존 굴드 플레처·에이미 로웰·F. S. 플린트·D. H. 로렌스와 같은 이미지스트(Imagist)의 개념을 영화에 적용할 수 있음을 주목했다. 린지가 주목한 것은, 이미지스트 시와 영화가 모두 '소리에 구애받지 않고 측정된 시간과 공간'을 활용할 수 있다는 사실이었다. 당시로서는 당연한 것이었지만, 작가들이 영화제작자들보다 더 훈련이 잘되어 있고 기술이 발달되어 있다는 사실을 깨달은 린지는 이미지즘의 추종자들이 영화에서 그 표현을 찾을 것을 제안했다.

린지는 또 이집트 상형 문자와 영화의 시각적 언어 발달 사이의 유사성에 대해 매우 시사적인 글을 썼다. "사진의 발명은 석기 시대의 그림 문자의 시작만큼이나 인간에게 중요한 발걸음이다. 동굴에 살던 남자들이나 오늘날 빈민가에 사는 여자들은 이 새로운 발명품에 가장 큰 영향을 받은 사람들이다. 그런데 이 발명품이란 것은 옛날의 주기를 반복하는 것 같지만, 실제로는 점점 더 높이 올라가는 삶의 나선형에서 옛것의 표현일 뿐이다." 그림 언어가 요구하는 새로운 구문의 의미에 대해 페널로사만큼 깊이 들어가지는 않았지만, 린지는 영국과 미국에서 시각 예술이 그다지 두각을 나타내지 못한 이유에 대해 말했다. 영국과 미국에서는 조각·회화·건축의 몇몇 업적보다는 문학적 전통이 훨씬 더 강하고, 오래 되고, 자족적이라는 사실을 지적하면서 린지는 영화가 우리에게 중요한 교육 수단이라고 말한다. "토르 신을 섬기고, 로키의 혀의 간계에 대한 전설을 말했던 시절 이후로 단어로만 생각을 해왔던 종족이 갑자기 그림을 통해 생각하기 시작한다"고 그는 쓰고 있다.[12] 린지의 글은 영국과 미국에서 영화가 현대 문학에 비견될 만한 성취의 수준에 이르는 것이 왜 그토록 오래 걸렸던가를 설명하는 데 도움을 줄 수 있다.

지금까지 말한 것은 보잘것 없는 내용인지도 모른다. 그러나 1915년쯤에 이르러서 영화는 단지 신기한 발명품이나 장난감이 아니라는 사실을 자각하기 시작했고, 순수 예술로서의 위치를 주장하며 그 위치에 도달하기 위해 노력하기 시작했다. 실제적인 측면에서는 그리피스의 영화에서, 이론적인 측면에서는 린지의 《영화의 예술》에서 볼 수 있듯이 영화는 한때 전적으로 문학에만 속했던 문제·기법·접근·재료들을 발견하고 그것들을 취해 나가고 있었다. 그러나 19세기 후반에 뿌리를 두고 있지만 20세기 초반에 더욱 집요하게 제기된 새로운 도전과 압력, 개혁과 쇄신에 대해 새로운 문학과 부상하는 영화는 모두 반응을 보이고 있었다. 영화는 이동 시점에 대한 하디의 모색과 같은 문학적 탐색이나 생생함과 회화화에 대한 이미지스트들의 관심에 대한 새로운 해결책으로 등장했다. 그래서 당시에는 그렇게 보이지 않았지만 1920년경에는 영화와 문학이 공동의 유산과 기법·접근 방법, 그리고 제재에 이르기까지의 유사성으로 인해 끈끈히 연결되게 되었다.

3

그리피스와 에이젠슈테인 : 영화에서의 문학의 이용

뤼미에르 형제가 자신의 발명품을 처음 선보이고, 놀란 관객들에게 돌진하는 기관차의 광경을 보여 주었던 1896년의 어느 날 이후로, 움직이는 물체와 사람이 이 새로운 매체의 제재가 될 것은 당연한 것처럼 보였다. 그래서 베이철 린지도 1915년에 영화를 '가까운 그림'과 '움직이는 회화', '행동하는 그림'과 '움직이는 조각', 그리고 '장대한 광경을 보여 주는 그림'과 '움직이는 건축'으로 나누었다. 초기 영화에서 분명히 드러나지 않았던 점은 이 새로운 매체가 어떻게 그 제재를 다룰 것인가 하는 문제였다. 영화가 다른 예술에서는 찾아볼 수 없는 자기만의 원칙을 가지고 있는지조차도 처음에는 분명치 않았다. 그러나 영화사가들은 영화만의 독특한 형식이 조르주 멜리에스에서 에드윈 S. 포터를 거쳐 그리피스와 에이젠슈테인에 이르기까지의 발달 과정에서 발견된다고 입을 모은다. 그리고 이러한 발달을 이어 주는 공통적인 끈은 영화의 서사적 능력의 발견과 적용이다.

영화를 만들기 전 마술사였던 멜리에스는 영화가 환상을 만들 수 있다는 가능성을 즉시 발견했다. 세기가 바뀌는 시점에 주로 만들어진 그의 작품은 몸이 날아다니고 머리가 커지는 등 속임수 쇼트로 가득 차 있다. 영화가 현실을 기록하는 것 이상의 일을 할 수 있고, 마음대로 현실을 재조정할 수 있다는 것을 처음으로 깨달은 사람이 멜리에스였다. (루돌프 안하임이 보여 주었듯이 실제로 사진에 찍힌 이미지는 현실의 단순한 재현이 아니다. 사진으로 이미지를 만들어 내는 데는 공간의 깊이의 변화, 공간의 평면화, 상대적 거리, 크기 등 반드시 왜곡이 포함되기 때문이다.)[1] 멜리에스는 카메라가 어떻게 사진에 찍히는 현실을 변화시키는지에 대한 복잡한 지식은 갖지 못했지만, 영화가 현실을 괴상하고 '마술적'인 방법으로 취급할 수 있다는 것을 인식했으며, 이것은 영화를 찍는 작업이 이제 수동적인 기록의 과정으로만 간주되지는 않을 것이라는 바를 의미한다. 영화는 해석과 선택이라는 적극적이고 긍정적인 방법으로 이용될 수 있는 것이다. 멜리에스 작품의 의의는 누군가가 처음으로 영화를 매체로, 기계를 단지 기계로 인식했으며, 카메라를 잡은 인간이 이 두 가지를 이용하여 자신의 제재에다 자신의 비전을 부각시킬 수 있다는 사실을 깨달았다는 점이다. 멜리에스가 한 일은 지금에 와서 볼 때 단순하고 별것 아니며, 그의 영화 또한 큰 중요성이 없지만, 관객이 보는 내용을 자신이 조작할 수 있다는 사실을 영화제작자들이 깨닫도록 한 최초의, 그리고 필요한 노력이었다.

미국인 에드윈 S. 포터가 1903년에 만든 《대열차강도》 역시 단순하지만 중요한 다음 단계로의 걸음을 내디뎠다. 포터 이전에는 극장에서 관객이 구경하는 것처럼 카메라를 움직이지 않게 고정시킨 채 한 장소에서 연속적인 장면을 연출하는 것이 관행이었다. 포터의 이야기는 한 곳 이상의 장소에서 벌어졌으며, 따라서 그는 이야기를 전개하기 위해 장면들을 이어붙여야 했다. 그가 발명한 것은 바로 편집과 커팅이었으며, 당시에는 깨닫지 못했지만 그는 영화의 기본 언어를 영화에 부여하게 된 것이다. 쇼트

하나하나는 단어와 같다. 문학은 단어를 연결시킴으로써 말의 의미와 중요성을 창출한다. 마찬가지로 영화에서는 잘라서 붙이고 편집하는 것, 혹은 좀더 고상한 형태인 몽타주를 통해 영화에 문법과 구문이 부여되는 것이다.

멜리에스와 포터가 영화에 공헌하게 된 것은 순전히 운이거나 우연이었다. 왜냐하면 그리피스가 영화를 만들기 시작하기까지는 그들의 공헌으로 별다른 결과가 산출되지 않았기 때문이다. 위대한 예술가는 아니었지만 그리피스는 영화의 발전에 엄청난 영향을 끼쳤다. 《국가의 탄생》은 영화가 미국에 '도래'하게 된 것을 알리는 첫 신호였다. 1919년에 러시아에서 상영된 《편협》은 새로운 매체의 잠재력을 미국이 깜짝 놀라도록 깨닫게 한 작품이었다. 그리피스가 영화의 기본 언어를 명확하고 의도적인 방법으로 정제한 것은 그의 기술자적인 면모 때문이었다. 그리피스에게는 문학적이고 연극적인 배경이 있었고, 단순히 기록하기보다는 해석하기 위해 카메라를 사용한다는 생각이 자연스럽게 들었다. 어쩌면 지금까지 씌어진 영화책 중에 가장 훌륭한 저서인 벨라 발라즈의 《영화의 이론》에서는 영화 예술이 그리피스의 작품과 함께 미국에서 탄생했다고 단정하고 있으며, 발라즈는 그리피스가 처음 이용한 원리들을 다음과 같이 요약한다.

1) 단일한 장면 내에서 관객과 장면 사이의 다양한 거리를 유지한다. 따라서 한 가지 그림의 구도와 프레임 내에서 활용할 수 있는 장면의 차원이 다양하다.
2) 장면의 전체 그림을 섹션, 혹은 쇼트로 분리한다.
3) 단일한 장면 내에서 앵글·시점, 그리고 쇼트의 초점을 바꾼다.

4) 몽타주는 전체 장면 다음에 다른 장면이 뒤따라오도록 쇼트를 연결시킬 뿐 아니라, 전체 장면을 작은 프레임으로 나누어 시간대별로 배열한 것처럼 장면의 세부를 연결시켜 보여 준다.[2]

그리피스가 한 일은 영화를 연극과 차별짓는 것이었다. 왜냐하면 초기에는 영화도 연극처럼 고정된 자리에 있는 관객(카메라와 영화관람객)에게 고정된 공간에서 펼쳐지는 그림을 보여 주었기 때문이다. 그리피스는 카메라에 운동성을 부여했고, 그렇게 함으로써 이제부터 영화적이라고 불리는 독특한 형식을 창안한 것이다. 영화는 이제 모든 각도와 거리에서 찍은 모든 종류의 쇼트로 이루어지게 되었다. 완성된 영화에 일관성을 부여하는 것은 연극에서처럼 고정된 장소에서 연속적으로 일어나는 행동이 아니라, 쇼트를 연결시켜 만든 시퀀스가 창조하는 논리 혹은 연속성이었다. 얼마 후 러시아 영화제작자 푸도프킨은 영화 기법에 관한 책의 서두에서, 영화가 문학과의 연관성을 통해 작용하는 기본적 양식에 대해 요약하였다. "시인과 작가에게는 단어 하나하나가 재료이다. 단어는 광범위하고 다양한 의미를 지니고 있지만 문장 내에서의 위치에 의해 의미가 정확해진다. 단어가 문장 전체에서 중요한 부분이듯이, 단어가 조작된 예술적 형태로 고정될 때까지는 그 효과와 의미가 유동적이듯이, 영화감독에게 있어서 완성된 영화의 쇼트 하나하나는 시인에게 있어서 단어의 역할을 하는 것이다."[3]

그리피스가 영화에 끼친 영향력은 결정적이었고, 따라서 그리피스의 문학적 지식과 관심이 그의 영화에 어떻게 표현되었는가를 살펴보는 것은 매우 중요한 일이다. 그리피스의 첫번째 야심은 작가가 되는 것이었고, 그는 내키지는 않았지만 점차적으로 그 희망을 포기했다. 그는 처음에 배우로 영화에 입문하기 전 한 편의 희곡을 무대에 올렸고, 영화제작자로서의 초기에는 수치스러운 일을 하고 있다는 생각에 실명을 사용하기를 꺼렸다.[4] 루이스 제이콥스가 《미국 영화의 발생》이라는 책의 그리피스에 관한 장에서 언급한 것처럼 그는 빅토리아 문학, 특히 시를 사랑했는데, 그의 초기 주제와 스타일에서 그 흔적을 엿볼 수 있다. 그는 브라우닝·킹즐리·테니슨 그리고 후드를 존경했고, 영화감독으로서 일하던 첫해에 잭 런던·테니슨·셰익스피어·후드·톨스토이·에드거 앨런 포·O. 헨리·찰스 리드·모파상·스티븐슨 그리고 브라우닝의 작품을 영화로 각색했다. 이상의 리스트에서 볼 수 있듯이 그의 연극적인 배경에도 불구하고 그의 영화에 영향을 끼친 것은 연극만이 아니었다. 가령 나란히 진행되는 이야기, 혹은 한 이야기 속의 병행되는 부분을 왔다갔다하는 기법인 크로스커팅에 대한 아이디어를 어디서 얻었느냐는 질문을 받았을 때, 그는 디킨스의 소설 쓰는 방식이 바로 그러하다고 대답했다고 한다. 물론 단일한 작품 내에서 한 개 이상의 내러티브를 진행시키는 기법은 디킨스가 새로 고안한 것은 아니지만(영국 르네상스 연극에서도 이것을 볼 수 있다), 그리피스가 디킨스에게서 이것을 따왔다는 사실은 그가 연극 외의 다른 문학 장르의 효용에 대해 깨닫고 있었다는 사실을 보여 준다.

그리피스는 또 에드거 앨런 포의 작품과 인간성에 대해서도 매료되었다. 1909년 영화감독으로 처음 일할 때, 그리피스는 포의 불우한 생애의 전설을 낭만적으로 극화한 《에드거 앨런 포》라는 영화를 만들었고, 후에 〈고자질쟁이의 마음〉·〈애너벨 리〉·〈검은 고양이〉·〈윌리엄 윌슨〉에서 소재를 따온 영화 《양심의 복수》를 만들었다. 그는 이때 양심이라는 포의 주제와 그것을 다루는 어두운 인생관에도 매료되었으나, 그것뿐 아니라 리듬·속도·타이밍 등 포의 천재성에서 많은 착안을 한 것 같다. 그리피스의 우수한 영화처럼 포의 소설들은 가속의 원리에 의해 움직인다. 이야기를 처음에는 천천히 시작하여 점점 속도를 더하고 초점이 좁혀지며 가속이 붙고 클라이맥스에 도달한 뒤 갑자기 멈춘다. 그리피스는 느린 편집(격렬하고 빠른 움직임을 찍었을지라도 스크린에 장시간 머무르는 쇼트)이 자동적으로 속도를 늦추고, 빠른 편집(정적인 재료를 다루더라도 짧은 쇼트를 이용하는 것)이 영화의 리듬을 가속시킨다는 것을 발견한 최초의 감독이었다. 그리피스가 그러한 기법을 사용한 것은, 그가 포의 작품을 꼼꼼이 읽고 영화적으로 재활용했기 때문일 수도 있다.

그리피스가 관심을 보였던 또 다른 작가는 월트 휘트먼이었다. 휘트먼이 영화와 잠재적인 연관성이 있음은 베이철 린지가 이미 말한 적이 있다. "우리는 《푸른 온타리오 기슭에서》에 기초한 휘트먼식의 시나리오가 필요하다. 미국 전국민에게 자신의 얼굴을 거울 화면에다 비추어 줄 수 있는 가능성이 마침내 도래했다. 휘트먼은 세련된 지식 계급에게는 민주주의의 개념을 소개했지만, 민중들 자신들에게는 민주주의 시를 읽도록 설득하지 않았다. 조만간 키네토스코프가 저급한 평등 상태로 있는 민중들에게 고귀한 평등의 개념을 가져다 줄 것이다."[5] 그리피스는 이러한 희망을 채워 주지는 못했고 아마 진정으로 그렇게 할 사람도 없을 것이지만, 이 젊은 미국 감독은 적어도 그 시도는 해보았다. 시공간상으로 멀리 떨어진 네 개의 이야기로 구성된 《편협》이라는 영화에서, 그리피스는 지배적 이미지를 사용하는 휘트먼의 기법을 차용했다.[6] 〈나의 노래〉는 여러 번 다른 방식으로 반복되는 풀잎의 이미지로부터 펼쳐져 나간다. 《편협》에서 그리피스는 같은 제목의 휘트먼의 시에서 흔들거리는 요람을 따왔다. 그러나 그리피스는 릴리언 기시가 요람을 흔드는 장면을 찍어 그것을 거듭거듭 삽입하면서 너무 과도하게 이용했다. 휘트먼의 시가 중심적인 이미지나 이미저리로부터 발전한다면, 그리피스는 그의 방대한 재료에 중심적인 상징을 무리하게 그냥 갖다붙였다. 그래서 그는 휘트먼처럼 성공은 못했지만 시도 자체는 중요했다.

그리피스의 초기 작품을 보면 강력한 문학적 충동이 작용하고 있음을 볼 수 있다. 《국가의 탄생》의 잘된 부분은 문학적 서사시를 영화에 가져오려는 그리피스의 시도 때문이며, 부족한 부분은 토머스 딕슨의 《동향인》이라는 원작 때문이다. 그리피스가 앵글을 바꾸며 세트에 비치는 빛의 양을 조절하는 등 빛을 실험하기 시작한 것은, 브라우닝의 《피파가 지나가다》(1909)를 영화로 만들려고 시도하면서부터이다. 지금 기준으로는 너무 뻔한 것 같지만 영화라는 것이 결국 빛으로 그림을 그리는 과정이며, 빛과 어둠을 조절하는 것이 영화에서 그림을 만드는 기본 원칙이라는 것을 처음으로 깨닫게 된 것이 바로 이때이다.

그리피스 이후 영화를 현재의 형태로 다듬은 사람은 세르게이 에이젠슈테인이다. 그가 영화에 끼친 광범위한 영향은 세 가지이다. 《파업》과 《포템킨》에서부터 《뇌제 이반》, 그리고 미완의 멕시코 영화에 이르기까지의 그의 영화는 그후 아무도 능가하지 못할 정도로 영화의 표준을 정착시켜 놓았다. 영화를 가르치는 사람으로서의 그의 영향은 광범위하며 생산적이다. 그리고 그의 글은 어느 감독이 쓴 것보다도 더 명쾌하게 영화제작자의 논리를 잘 표현하고 있다. 그의 글은 힘차고 생생하며, 그의 영향력은 결코 소진되지 않는다. 그것은 그의 뛰어난 이론적 안목뿐 아니라 방대한 학식, 광범위한 독서, 그리고 자잘한 세부까지 꼼꼼하게 신경을 쓰는 그의 고집 때문이다.

　에이젠슈테인은 영화로 눈을 돌리기 전에 연극 작업을 많이 했으나, 꾸며진 연극이 너무나 마음에 안 들어 한 번은 가스 공장에서 가스 공장에 관한 연극을 하면서 장이 바뀔 때마다 관객을 공장의 이쪽저쪽으로 옮겨다니게 했다. 이런 현상은 일부러 예술과 현실을 혼동시키는 오늘날의 '해프닝'과 비슷하다는 느낌이 들게 하지만, 에이젠슈테인의 경우에는 현실을 그대로 재생하려는 순박한 사실주의의 열정이라기보다는 새로운 형식에 대한 끊임없는 탐구라고 보아야 할 것이다. 그의 영화나 책은 현실을 충실히 재현하는 식의 영화론에 의존하지 않는다. 오히려 그 반대라고 할 수 있는데, 에이젠슈테인은 영화가 고급 예술이 될 수 있다는 자신의 일관적인 주장을 뒷받침하기 위해 문학을 뒤적이며 새로운 형식의 예와 교훈을 찾았다.

《영화 감각》이라는 책에 붙인 제사는 존 리빙스턴 로가 쓴《재나두로 가는 길》에서 따온 인용문인데, 이 책은 콜리지의 〈쿠빌라이 칸〉이라는 시의 창조적 과정을 분석한 유명한 책이다.

　　뛰어난 창조적 행위의 상상적 강렬함을 통해 모든 이미지가 변질되듯이 모든 단어가 변형되었다. 음악가의 유추적 기적에 대해 앱트 보글러는 "잘 생각해 보라"고 말한다.

잘 생각해 보라. 우리 음계의 모든 음은 아무것도 아니다.

그것은 세상 어디에나 있다——크고, 부드럽게, 그리고 모두 말해진다.

내가 사용할 수 있도록 그걸 내게 줘! 나는 그걸 내 생각 속의 두 개와 섞는다.

그리고 자! 당신도 듣고 보았지. 생각하며 머리를 조아려!

옛이야기에서 하나의 생생한 단어만 콜리지에게 주면, 그는 그것을 자기 생각 속의 두 개와 섞는다. 그러면(음악 용어를 문학 용어로 바꾸자면) 세 개의 음으로부터 그는 네번째 음이 아니라 별을 만들어 낼 것이다.[7]

에이젠슈테인은 이 제사가 자신의 몽타주 이론을 가르쳐 주었다고 보았다. 그리고 괄목할 만한 것은 에이젠슈테인이 이 아이디어가 시인의 창조 과정에 근원을 두고 있는 것으로 보았다는 사실이다. 그렇다면 에이젠슈테인에게 있어서 영화감독은 작가와 같이 상상적 과정에 깊이 의존하고 있는 존재이며, 그가 계속적으로 문학을 사용한 것은 이것을 더욱 분명히 하고 있다. 에이젠슈테인의 주장에 의하면, 몽타주의 중요 개념은 "어떤 종류의 필름이라도 두 개를 연결시켜 놓으면 그 병치로부터 새로운 개념, 새로운 성질이 나온다는 사실"이다. 그리고 그는 독자에게 그 개념을 분명히 설명하기 위해 문학의 예를 인용한다.[8] 그는 그 극단적인 예를 합성어에 대한 루이스 캐럴의 설명에서 찾아볼 수 있다고 말한다. "가령 'fuming'이라는 단어와 'furious'라는 단어를 생각해 보자. 두 단어를 함께 말한다고 마음먹고, 어떤 단어를 먼저 말하지는 마라. 그리고 입을 열어서 말하라. 당신의 마음이 조금이라도 'fuming' 쪽으로 기울면, 당신은 'fuming-furious'라고 말할 것이다. 그러나 간발의 차이로 'furious' 쪽으로 기울면 'furious-fuming'이라고 말할 것이다. 하지만 당신이 완벽하게 마음의 균형을 잡을 수 있는 진귀한 재능을 지녔다면 'frumious'라고 말할 것이다."[9] 에이젠슈테인은 이러한 재주를 마스터한 사람으로 조이스를 꼽고 있다. 그러나 영화뿐 아니라 문학에도 적용할 수 있는 그의 주장은, 두 사물의 병치가 두 개의 합이 아니라 새로운 실체를 만들어 낸다는 것을 보여 주려고 한 것이다.

보이는 것은 바로 이해할 수 있기 때문에 영화는 너무 쉬운 형식이라는 주장이 가끔 제기되어 왔다. 그러나 에이젠슈테인은 보이는 것이라고 모두 이해할 수 있는 것은 아니라는 사실을 잘 알고 있었다. 그는 이 사실을 영화가 아니라 톨스토이를 통해 설명한다. "브론스키가 카레닌의 베란다에서 시계를 보았을 때, 그는 너무 흥분하고 몰두해 있어서 손과 시계판을 내려다보면서도 시간이 몇 시인지 몰랐다."[10] 그는 또 여러 개의 다른 그림을 가지고 하나의 효과적인 이미지를 만드는 방법을 설명하면서, 소녀를 기다리고 있는 젊은이를 묘사한 모파상의 글을 예로 든다. "그는 11시경에 외출하여 잠시 배회하다가 택시를 타고 해양부 옆의 콩코드 광장으로 갔다. 가끔 그는 성냥을 그어 시계를 보았다. 자정이 가까워 오자 그의 초조함은 한층 격렬해졌다. 그는 쉬지 않고 고개를 창 밖으로 빼어 내다보았다. 멀리서 시계가 12시를 쳤다. 그리고 다른 시계가 가까이에서 쳤고, 둘이 함께 치더니, 아주 멀리서 마지막으로 또 다른 시계 소리가 들렸다. 마지막 시계가 소리를 그치자 그는 생각했다. '이제 끝났어. 실패야. 그녀는 오지 않을 거야.'"[11] 에이젠슈테인이 여기서 감탄하는 부분은, 자정의 정서적 분위기를 하나가 아니라 여러 개의 시계 소리로 독자에게 환기시키는 방법이다. 단지 "시계가 자정을 쳤다"라고 했다면 훨씬 단순하고 효과가 덜했을 것이다. 다른 곳에서처럼 여기서도 에이젠슈테인이 사려 깊게 선택한 문학의 예에서 볼 수 있듯이, 그는 단순히 명백한 것에 의존하는 것보다는 좀더 섬세하고 강렬한 효과를 얻고자 노력하였다.

《영화 감각》의 첫장은 에이젠슈테인에게 있어서 영화의 가장 중요한 원칙인 몽타주가 다른 예술에도 존재하고 있음을 보여주는 데 할애되고 있다. 이 책에서 에이젠슈테인은 레오나르도 다빈치가 기획을 했지만 완성하지 못했던 노아의 대홍수 그림을 묘사한 부분을 인용한다. 에이젠슈테인은 이 묘사가 '실제 촬영 대본'이나 다름없다고 말하고 있는데, 이것은 이 묘사에서 볼 수 있는 레오나르도의 기법이 바로 몽타주 접근법이라고 부를 수 있음을 의미한다. 이 놀라운 묘사는 다음과 같다.

어둡고 침울한 공기는 우박이 섞인 멈출 줄 모르는 비를 동반한 바람에 의해 갈라진다. 바람은 수많은 나뭇잎과 부러진 나뭇가지들이 얽히고설킨 무더기를 이리저리 몰아간다.

난폭한 바람에 의해 뿌리뽑히고 산산조각난 고목들이 사방에 널려 있다.

포효하는 급류에 의해 이미 발가벗겨진 산의 조각들이 급류를 따라 치달으며 계곡을 삼키고,

마침내 물이 차오른 강이 홍수로 변하여 넓은 평야와 주민들을 덮친다.

  산꼭대기에는 겁에 질려 꼼짝 못하는 갖가지 종류의 동물들이 아이들과 함께 산으로 도망간 사람들과 함께 웅크리고 있는 모습이 보인다.

  물로 뒤덮인 들판을 파도가 덮고, 그 위에는 사람들이 죽음이 두려워 테이블·침대·보트 등을 가지고 임시방편으로 만든 뗏목이 뒤덮고 있다.

  그 위에 남녀노소가 한꺼번에 몸을 묶은 채 타고 있고, 그들은 광포한 바람이 연거푸 시체가 휩쓸리는 파도를 거대한 허리케인과 함께 몰고 오자 겁에 질려 온갖 비명과 탄식을 지른다.[12]

에이젠슈테인은 전체 시퀀스가 하늘로부터 시작하여 끝에 다시 하늘로 돌아가도록(인용문에 나오지는 않았지만) 구성되어 있다고 지적한다. 이 프레임 내에서는 인간이 중심에 있으며, 자세한 세부와 배경, 클로즈업과 롱 쇼트가 서로 대비되도록 신경을 써서 설명되고 있다. 이것에 대해 에이젠슈테인은 "몽타주 구성의 전형적인 요소들이 명확하게 나타난다"고 지적한다. 물론 그림이 실제로 움직이거나 인물들이 걷거나 뛰지는 않는다. 그러나 에이젠슈테인은 단순한 움직임보다는 선택된 세부와 이미지의 편집이 어떻게 이루어지는지에 관심을 *가졌고*, "레오나르도의 뛰어난 순차적 묘사는 단지 세부를 나열하는 데 그치지 않고 미래의 동작이 화면 위에서 어떻게 움직일는지를 보여 주고 있다. 여기에서 우리는 움직이지 않는 그림 속에 정적인 세부를 동시에 나열해 놓은 상태에서, 시간성을 포함한 예술에서처럼 세부의 병치가 연속적인 순서로 이루어지는 놀라운 예를 볼 수 있다"고 지적한다.[13]

여기에서 제시된 관점에서 보자면, 영화에서 몽타주라고 불리는 기법은 사실 문학과 시각 예술이 오래 전부터 사용해 오던 사물 배열의 방법임이 분명해진다. 에이젠슈테인은 한 걸음 더 나아가 특별한 효과를 얻기 위해 어떻게 특별한 세부를 선택하고 위치시키는지를 보여 주기 위해 푸슈킨의 시구를 인용한다. 몽타주의 실제 역학(力學)이 영화에서처럼 푸슈킨의 시에서도 분명히 나타난다고 그는 지적한다.

> 그러나 그녀가 어떻게 혹은 언제
> 사라졌는지 아무도 모른다. 그날 밤
> 외로운 어부가 다그닥거리는 말발굽 소리와,
> 코사크 말투와 여인의 속삭임을 들었다…….[14]

에이젠슈테인은 여기에서 푸슈킨이 마리아라는 여자가 사라졌다는 정보를 제시한 후, 세 개의 소리로——말발굽·코사크 말·속삭임——여자가 사라졌다는 사실을 우리가 감정적으로 깨닫도록 종용한다고 지적한다. 에이젠슈테인은 또 같은 시 《폴타바》에서 표트르 대제의 묘사를 인용하고 있는데, 이것은 에이젠슈테인 자신이 만든 《뇌제 이반》을 너무나 강렬하게 상기시킨다.

그리고 극도로 고양된 소리로
표트르의 목소리가 쩌렁쩌렁 울렸다.
"무장하라, 신이 우리와 함께 한다." 막사에서
운집한 추종자들에 둘러싸여
표트르가 등장한다. 그의 눈이
번쩍인다. 그의 모습은 무섭다.
그의 동작은 날쌔고. 장엄한 모습
모든 면에서, 거룩한 분노.
그는 진군한다. 그의 군마가 그를 인도한다.
용감하고 충직한 그의 군마.[15]

그는 문학적인 표현을 주목하면서 앞뒤가 뒤바뀐 서두 부분의 중요성을 지적한다. 푸슈킨은 표트르의 말로 시를 시작하지 않고 말이 나중에 나오도록 했다. 그는 계속해서 영화에서 같은 효과를 얻으려면 "처음에 고양된 분위기, 그리고 울리는 소리, 그 목소리가 표트르의 것이라는 인식, 마침내 이 고양되어 울리는 표트르의 목소리가 뱉어내는 말의 의미를 분간할 수 있게 모든 것이 차례차례 연결되도록 제시해야 한다"고 설명한다.[16] 영어권 독자를 위해 에이젠슈테인은 영시에서도 예를 끌어내고 있다. 자연스런 행 구분을 넘어서서 시행을 연결하는 기법인 행걸치기(enjambment)를 사용한 셸리와 키츠는 에이젠슈테인에게 논의할 거리를 제공해 주고 있다. 에이젠슈테인은 《엔디미온》을 인용한다.

그렇게 그는 끝을 맺었다. 그리고 둘 다
잠자코 앉아 있었다. 하녀는 대답하기도

싫었던 것이다. 숨길로 토해 낸 말이 상실되고,
들리지 않고, 헛된 것이라고 느꼈기에, 조각된 악어를
향해 휘두르는 칼처럼, 아니면 태양을 대적하여
뛰어오르는 메뚜기처럼……!¹⁷⁾

그는 영화제작자들이 이러한 시로부터 효과적인 편집 방법을 배울 수 있다고 주장한다. 그리고 실제로 위의 예는 오늘날 영화의 표준이 되어 버린 기법, 즉 동작이 끝난 후가 아니라 동작중에 커트를 한 후 다음 쇼트로 넘어가는 편집 기법을 보여 준다.

에이젠슈테인이 문학을 인내심 있게 공부했다는 사실을 보여 주는 마지막 예는 그의 《실락원》 논의이다. 밀턴을 전공하는 사람들은 이 위대한 서사시를 "몽타주와 시각-청각 관계를 공부할 수 있는 일류 학교"로 묘사하는 것을 들으면 눈살을 찌푸리겠지만, 에이젠슈테인은 자신의 주장을 설득력 있게 하고 있다. 그는 시구를 인용하면서 밀턴이 대개 평균적으로 한 행에 한 가지 그림을 묘사하고 있지만, 그림과 행이 꼭 맞아떨어지지는 않도록 하여 전체적으로 잘 짜이고 다양한 모습을 나타내고 있다고 설명한다. 가령 반역을 일으킨 천사들이 지옥으로 떨어질 때 밀턴은 다음과 같은 묘사를 하고 있다.

넘어진 자를 그가 일으켰다. 그리고 염소의
무리와 겁 많은 짐승들이 함께 몰려 갈 때
기겁한 그들을 자기 앞에 몰았다, 공포와
분노로 천국의 경계와 수정 벽까지
쫓았다. 벽이 활짝 열리며

안으로 말려들었고, 광활한 틈이 드러났다.
황폐한 심연을 드러내면서. 끔찍한 광경이
그들을 두려움으로 물러서게 하였으나 훨씬 더
무서운 것이 그들을 뒤에서 몰았다. 곤두박질치며
그들은 천국의 가장자리에서 떨어지고, 영원한 분노가
무저갱을 향해 그들을 뒤따라 타올랐다.

  에이젠슈테인은 이 구절을 촬영 대본으로 재구성하여, 다음처럼 번호가 붙여진 쇼트가 밀턴의 시에서 나온 한 가지 이미지를 나타내게 하였다.

  1) 넘어진 자를 그가 일으켰다, 그리고
  2) 염소의 무리와 겁 많은 짐승들이 함께 몰려 갈 때
  3) 기겁한 그들을 자기 앞에 몰았다,
  4) 공포와 분노로 천국의 경계와 수정 벽까지 쫓았다.
  5) 벽이 활짝 열리며 안으로 말려들었고,
  6) 광활한 틈이 드러났다.
  7) 황폐한 심연을 드러내면서
  8) 끔찍한 광경이 그들을 두려움으로 물러서게 하였으나
  9) 훨씬 더 무서운 것이 그들을 뒤에서 몰았다.
  10) 곤두박질치며 그들은 천국의 가장자리에서 떨어지고,
  11) 영원한 분노가 무저갱을 향해 그들을 뒤따라 타올랐다.

  에이젠슈테인은 "재현의 한계와 운율적 발화의 한계 사이에 대위법적인 불일치"가 있음에 우리의 주의를 환기시킨다.[18] 그 말

은 이미지와 약강 5보격 시행 사이에 계산된 불일치가 있다는 사실을 조금 어렵게 표현한 것이다. 시의 구조, 리듬과 순서와 시각적·청각적 내용 사이의 관계가 영화제작자의 관심을 끌었다면 문학연구자들에게도 이런 접근 방법은 재미있는 아이디어를 제공해 줄 것이다. 에이젠슈테인이 밀턴의 전투 장면을 접근하는 방법을 볼 때, 그의 《알렉산드르 네프스키》에서의 전투 장면이 밀턴의 영향을 상당히 많이 받았다고 추론하는 것이 가능할 터이다. 그리고 이런 유의 자세한 비교 연구가 두 작품을 해석하는 데 상당한 도움을 줄 수 있을 것이다.

이처럼 에이젠슈테인은 단지 유추하기 위해, 자기의 입장을 지지하기 위해, 혹은 작품의 명성 때문에 문학에 의존하지는 않는다. 그는 문학의 테크닉을 자세히 공부하는 것이 영화제작자에게 필요한 준비라는 것을 분명히 주장하고 있다. 그 주장의 대부분이 거의 몽타주에 관한 것이고, 또 더 넓게 연구해야 할 필요가 있지만 몽타주 자체는 영화에서 없어서는 안 될 요소이다. 어떤 문학에서나 몽타주를 찾아볼 수 있다는 에이젠슈테인의 주장(그는 사실 몽타주가 모든 예술에 필수적이라고 주장하지만, 회화와 조각에 대한 그의 언급은 대개 그것을 문학적으로 묘사한 것이다)은, 그의 영화 감각이 실제로는 확장된 문학 감각을 영화라는 새로운 매체를 통해 표현한 것이라는 바를 보여 준다. 이런 지나친 주장을 하지 않더라도, 그리피스와 에이젠슈테인의 작품에서 알 수 있듯이 문학이 이론과 실제 양면에서 사실상 영화에 결정적 영향을 끼쳤다는 점만은 분명하다. 특히 에이젠슈테인은 그 연관성이 사소하거나, 단지 표현에 지나지 않는 것이 아니라 유기적이고 결정적이라는 것을 분명히 한다.

에이젠슈테인 이후의 영화의 역사는 영화에 대한 문학의 영향력이 점점 더 깊어지고 확대되는 것을 보여 준다. 소리의 도입으로 영화는 영화화된 연극으로 전락하는 듯 보였으나, 영화제작자들이 시각적 '쇼트'를 사용하는 데 익숙해진 것처럼 음향적 '쇼트'를 사용하는 방법을 배우면서 유성 영화는 곧 균형을 회복하였고, 에이젠슈테인의 《알렉산드르 네프스키》로부터 최근의 《일요일과 사이벨》, 그리고 알랭 레네 등의 영화에 이르기까지 영화는 점점 더 의미심장하고 세련되게 영상과 말을 연결시켜 왔다.

영화에 대한 문학의 영향을 이야기하면서 재능 있는 많은 작가들이 영화 대본을 썼다는 사실을 간과할 수 없다. 거기에는 피츠제럴드·포크너·딜런 토머스·제임스 에이지·너새네이얼 웨스트·맬컴 라우리·장 폴 사르트르·크리스토퍼 이셔우드·존 오즈번·알랭 로브 그리예·마르그리트 뒤라스 등이 포함된다. 그러나 몇몇 예외는 있겠지만, 작가들의 영화 참여는 영화의 형식이나 스타일에 거의 영향을 끼치지 않았다. 역사상 가장 큰 재능의 실패라고 할 수 있는 사례들에서 보면, 영화 대본을 쓴 대부분의 작가들은 돈을 벌기 위해 할리우드로 갔으며, '꿈의 공장'을 위해 자신을 낮추어 글을 썼고, 영화 산업이 가지고 있던 좋은 영화에 대한 거창하지만 미숙한 개념에 도전을 가하거나 변화를 가져올 방법을 찾지는 못했다. 제임스 에이지가 쓴 《아프리카의 여왕》이 영화화된 소설의 새로운 기준을 마련한 것은 사실이지만, 에이지의 가장 훌륭한 대본인 《노아 노아》는 제작되지도 못했다. 윌리엄 포크너가 쓴 헤밍웨이의 《유산자와 무산자》의 대본은, 할리우드가 천재적인 작가들의 협력을 깔아뭉개고 일종의 재능의 교잡을 통해 험프리 보가트 같은 배우가 연기할 아주 평범한 영화를 만들어 낼 수 있다는 것을 보여 준다. 할리우드와 그곳에 간 작가들과의 접촉은 괜찮은 영화를 만들어 내기보다는 할리우드에 대한, 그리고 할리우드에 적대적인 훌륭한 소설들이 더 많이 씌어지도록 만들었다.

좀더 최근에는 새로운 프랑스 영화의 등장으로 문학적 관심과 개념들이 아스트뤽·아녜스 바르다·트뤼포·레네·마커 등에 의해 점점 더 강조되었다. 물론 프랑스에는 르네 클레르나 장 콕토 같이 문학적 관심이 있는 감독들이 언제나 있었다. 그러나 새로운 프랑스 영화는 영화와 그 표현에 있어서 거의 공격적으로 문학적이다. 레네는 《히로시마 내 사랑》을 '일종의 시'라고 불렀고, 그의 《밤과 안개》는 흑백과 컬러의 두 개의 시각적 '텍스트'를 문학적 텍스트와 결합시킨 훌륭한 업적이다. 그리고 소설가 로브 그리예와의 합작으로 만들어진 《지난해 마리앵바드에서》는 영화보다는 현대 실험 소설과 유사점이 더 많다. 아녜스 바르다는 '소설을 쓰듯이 영화를 만들고' 싶다고 했으며, 알렉상드르 아스트뤽은 가장 단도직입적으로 이런 의견을 표명한다. "나는 이 새로운 시대를 카메라-펜(Caméra-Stylo)의 시대라고 부른다. 이 이미지는 정확한 의미를 가지고 있다. 이것은 영화가 시각의 폭력으로부터, 이미지 자체를 위한 이미지로부터, 직접적인 이야기로부터, 구체적인 것으로부터 조금씩 벗어나서 문어(文語)처럼 유연하고 섬세한 글쓰기의 수단이 될 것이라는 바를 의미한다."[19]

결국 영화는 탄생 단계부터 지금까지 한때 문학만의 영역이었으나, 이제 문학과의 유추를 통해 표현될 수 있는 개념·형태·도구들을 탐색해 오고 취해 왔다. 이제 문학과 영화의 공유 영역이 무엇인지, 범위는 어디까지인지, 그리고 동일한 경험을 표현·

창조·전달하기 위해 문학과 영화가 서로 명백히 다른 매체를 어느 정도까지 사용할 수 있는지를 탐색하는 일만이 남았다.

4

문학 기법과 영화 기법

영화와 문학 사이의 유사성은 새로 발견된 것이 아니다. 특히 에이젠슈테인은 기발하고 시사적인 연관성을 찾는 데 능통했는데, 일단 마음을 먹고 찾아보면 수없이 그것을 발견할 수 있다. 따라서 여기서는 영화의 가장 특징적인 기법, 다른 예술에서는 찾아볼 수 없다고 생각되는 기법들과 문학의 연관성만을 다루도록 하겠다.

영화는 사진에 바탕을 두고 있기 때문에 구체적이고 시각적인 것을 다루고, 사물을 있는 그대로 다루는 독특한 능력이 있다고 생각되어 왔다. 그러한 충동은 안토니오니의 《태양은 외로워》의 마지막 시퀀스에서 볼 수 있는데, 감독은 영화가 끝난 후 영화의 세계에 나타난 시각적 편린들을 모아서 마비와 무위의 이미지를 전달하려고 하였다. 시퀀스의 일부를 소개하면 다음과 같다.

나무 그림자가 흰 벽에 비친다.

그다지 밝지 않은 태양빛이 아스팔트에 던진 두 개의 그림자.

그 뒤에서 피에로와 비토리아가 종종 거닐던, 지금은 텅 빈 스타디움의 파노라마 쇼트. 거리는 텅 비어 있다.

아스팔트에 보행인을 위해 그려진 흰 선. 발소리가 들린다. 지나가는 행인의 소리.

건축중인 집을 따라 쳐진 나무 담장. 행인은 배경 속으로 사라진다. 바람에 떨리는 나뭇잎……:[1]

이것은 인상적인 시퀀스이다. 음산하고 공허하지만 강력한. 화면에 5분 정도 계속되지만 그 집약 효과는 인간의 소멸을 보여 준다. 여기서 사용하는 기법은 단순한 사실주의가 아니라 의도적으로 선택된 세부를 통해 하나의 전체적 인상을 주려는 것이다. 즉 같은 목적으로 전도서의 저자가 사용했던 기법이다.

　너는 청년의 때 곧 곤고한 날이 이르기 전, 나는 아무 낙이 없다고 할 해가 가깝기 전에 너의 창조자를 기억하라.
　해와 빛과 달과 별들이 어둡기 전에, 비 뒤에 구름이 다시 일어나기 전에 그리 하라.
　그런 날에는 집을 지키는 자들이 떨 것이며 힘 있는 자들이 구부러질 것이며 맷돌질하는 자들이 적으므로 그칠 것이며 창들로 내어다보는 자가 어두워질 것이며 길거리 문들이 닫혀질 것이라.[2]

위에서 예를 든 두 작품에서 공통적으로 볼 수 있는 기법은 모든 것이 허무하고 공허하다는 단일한, 엄청난, 그리고 추상적인 명제를 보여 주기 위해 구체적인 이미지들을 세심하게 선택하여 제시하는 것이다.

조르주 멜리에스의 마술을 영화로 찍은 이래로 영화는 변신과 '마술적인' 변화를 특별한 방법으로 보여 줄 수 있는 것으로 인식되어 왔다. 영화에서는 한 상면이 다른 장면으로 디졸브하도록 할 수 있다. 가령 정원의 모습을 겨울에서 여름으로 순식간에 바

4. 문학 기법과 영화 기법　75

꿀 수 있다. 꽃이 몇 초에 피어나게 할 수도 있고, 왕자가 야수로 변할 수도 있다. 장 콕토의 작품이 언뜻 머리에 떠오르는 이 기법의 대표적인 예이지만 이런 변화나 변신은 흔한 기법이다. 영화를 찍을 때 실험실에서 하는 이런 작업들은 너무나 쉬워 보여서 오비디우스·스펜서·파운드, 혹은 페이터가 같은 기법을 사용할 때의 효과는 없는 것처럼 보인다. 영화는 변신을 다룰 때 한 이미지를 다른 이미지로 대체하여 첫번째 것이 두번째 이미지로 '디졸브'하게 하는 데 대체로 만족한다. 영화는 하나의 사물이 실제로 다른 사물로 변화하는 과정을 보여 주려고 노력하지는 않는다. 이런 효과는 오비디우스라는 시인에게서 볼 수 있는데, 그의 시는 퀴아네라는 요정이 분수로 변하는 모습을 묘사한다.

> 물의 여왕은 온통 물로 변했다.
> 당신의 눈앞에서 사지는 부드러워지고 뼈는
> 구부러지고, 손톱의 딱딱함이 사라졌다.
> 가장 가는 부분들, 손가락, 다리, 그리고 발,
> 그리고 파도빛의 머릿단――이들은 가장 빨리 사라졌다.
> 부드러운 사지는 차가운 원소와 가장
> 가깝기 때문에 가장 쉽게 물로 변했다.
> 그리고 어깨가 없어졌다. 그리고 가슴과 허리와 등이
> 녹아 물살 속으로 사라졌다.
> 그리고 유연한 혈관에 흐르던 피는
> 물로 변해, 손에 잡히는 것은 아무것도 남지 않았다.[3]

영화는 또 어떤 메시지를 전하거나 효과를 내기 위해 아무런 논리적 연관성이나 설명 없이 일련의 이미지를 보여 주는 능력에 자부심을 가지고 있다. 대사 없이 보여 주는 여름날의 사랑, 젊은 남녀의 고독과 같은 시퀀스는 효과적이면서도 흔한 장면이다. 그러나 이런 이미지의 몽타주는 시인들이 오랫동안 사용해 온 기법이다. 현대 시에서 이런 기법을 널리 사용하고 있으며, 어쩌면 현대 시가 영화에서 이런 기법을 배운 것처럼 보일 수도 있다. 그러나 이것은 키츠에까지 거슬러 올라간다.

> 차분한 생각이 우리를 감싼다——움트는
>   나뭇잎——정적 속에 익어가는 과일——저녁 때
> 말없는 볏단 위에 미소짓는 가을 햇살——
> 부드러운 사포의 뺨——잠자는 아기의 숨결——
>   모래시계 속을 조금씩 흐르는 모래——
> 숲 속을 흐르는 개울——시인의 죽음.[4]

이미지를 이미지가 대치하고 산문적인 논리나 주장이 없다. 과정의 느낌이 이 장면을 움직이는 힘이며, 천천히 흘러가는 이미지의 시퀀스는 또 독자의 마음에 유기적 과정의 느낌을 불러일으킨다. 따라서 이미지의 논리와 유기적 삶의 리듬에 의해서 우리는 유일한 결론, 즉 죽음에 도달한다. 이러한 시의 조용하지만 강력한 불가피성은 훌륭한 영화 시퀀스가 보여 줄 수 있는 효과와 매우 흡사하다.

처음부터 영화는 볼거리를 제시하는 자신의 능력을 잘 알고 있었고 그것을 재빨리 활용했으며, 이제 그 점에서 뛰어난 능력을 갖게 되었다. 《80일간의 세계 일주》를 보는 것은 많은 면에서 세계 일주 자체보다 훨씬 만족스럽다. 우중충한 호텔, 끝없는 철도 여행, 형편없는 음식, 김빠진 맥주, 지친 발을 경험하지 않고도 당신은 모든 볼거리를 유리한 위치에서 볼 수 있다. 영화의 볼거리도 재미없고 지루할 수 있다. 베이철 린지는 《안토니와 클레오파트라》의 초기 이탈리아판을 보고, "이집트 깃발 위에다 이탈리아 깃발을 천천히 두 시간 동안 흔드는 것과 같다"고밖에 표현할 수 없었다.[5] 같은 제목으로 최근에 만든 영화도 훨씬 길기는 하지만 나은 게 없다. 두 영화는 42장으로 구성되어 이탈리아·그리스·시리아·이집트를 오가는 20개의 장면을 보여 주는 셰익스피어의 원작에 비하면 형편없다. 훌륭한 볼거리란 거대한 세트, 눈부신 의상, 숨막히는 경치로만 되는 것이 아니다. 훌륭한 볼거리는 장관이라고 할 수 있을 정도로 강력한 인간의 감정과 행동이 있어야 하는 것이다. 훌륭한 인물 없이 건축물과 풍경과 의상만 제공하는 것은 볼거리를 단순한 눈요기로 전락시키는 행위이다. 물론 《안토니와 클레오파트라》는 볼거리가 많이 담긴 예이지만 여전히 이런 주장은 유효하다. 지금까지 만들어진 가장 뛰어난 영화의 볼거리는 윌리엄 와일러가 만든 《벤허》의 전차 경주 장면이다. 이 장면은 비등한 경쟁자간의 대결이라는 액션이 장면·소도구, 그리고 편집의 리듬을 압도하고 통제하는 데 그 우수성이 있다. 이 장면은 추적-생포-탈출-추적이라는 공식에 그 재미의 바탕을 두고 있는데, 이것은 제임스 페니모어 쿠퍼의 소설에서도 발견할 수 있으며 그리피스가 영화를 위해 표준화한 것이다. 이처럼 통제된 인간적 맥락이 없으면 모든 전차와 말, 스타덤, 그리고 모든 장구들이 아무 소용없게 되었을 것이다. 보통

수준 영화들의 볼거리로 판단하건대, 영화는 아직도 호메로스의 위대한 서사시에서 밀턴에 이르는 문학의 볼거리에서 배울 점이 상당히 많다.

영화비평가들은 영화의 가장 독특한 특징 중의 하나가 시점에 대한 완전한 통제, 즉 감독이 정확하게 무엇을, 어떻게, 언제, 어떤 맥락에서 보여 줄 것인지를 지시할 수 있도록 해주는 통제력이라고 지적해 왔다. 드라마로서, 혹은 선전 매체로서 영화의 엄청난 위력의 근거에는 바로 이러한 완전한 통제가 있는 것이다. 이미 언급한 다른 많은 기법이나 능력과 마찬가지로 영화는 바로 이러한 통제력을 가지고 있는데, 이것이 중요한 기법이기는 하지만 그렇게 새로운 것은 아니다. 회전하는 지구의 모습에서 시작해서 대륙이 보이고, 또 강과 산이 보이고, 그런 다음 도시, 거리와 지붕의 모습, 그리고 마침내 이야기가 시작되는 특정 건물의 모습을 보여 주는 영화를 아마 누구나 본 석이 있을 것이다. 더 큰 것의 작은 일부로서의 대상을 위치시키는 방법은, 〈여자 수도원장의 이야기〉라는 시를 시작할 때 같은 기법을 사용한 초서에까지 거슬러 올라가 발견된다. "테르는 큰 도시 아시에 있었고/그리스도교인들 중, 유대인이었다."[6] 처음에 대륙을, 다음에 도시를, 다음에 사람들을, 그리고 마지막에 유대인 거주지역을 보여 준다. 무비 카메라의 유동성은 문학에서의 그러한 요소보다 훨씬 더 눈에 잘 띄고 시각적으로 분명하지만 기법의 성질은 같은 것이다.

더 중요한 것은 영화에서 같은 장면을 감독의 상상력이 허용하는 한 다양한 시점에서 우리에게 보여 주는 유농성이며, 이러한 기법은 캐릭터 연구에 있어서 깊이와 흥미를 더한다. 그러나

이 기법 또한 영화에만 한정된 것이 아니다. 가령 셰익스피어의 《헨리 4세》 1·2부에서 우리는 왕자 핼(뒤의 헨리 5세)을 자신의 관점에서, 아버지의 관점에서, 폴스탑의 관점에서, 핫스퍼와 수석 재판관의 관점에서 바라본다. 하디의 《패왕》에서도 다양한 시점을 사용하고 있고, 로렌스 더럴의 《알렉산드리아 사중주》는 같은 사건에 대한 시각을 네 가지의 극도로 다른 시각으로 돌려서 보는, 문학에서 보기 드문 예라고 할 수 있다.

  오늘날 특히 미국 서해안을 중심으로 한 아방가르드 영화에서 볼 수 있는 현상은 이미지의 홍수를 고속으로 제시하는 영화의 능력이다. 뤼미에르의 기관차로부터 키스톤 콥스의 추격 장면과 익살 장면에 이르기까지 영화는 스피드가 있는 소재에 자연히 이끌려 왔다. 왜냐하면 영화 매체 자체가 실제로 인식될 수 있는 것보다 더 빨리 이미지를 다룰 수 있기 때문이다. 이것 또한 혁신이라기보다는 기존의 기법을 눈에 띄게 사용한 것에 지나지 않는다. 가령 존 스켈턴의 시는 눈이 핑핑 돌 정도로 빠른 속도로 진행되며, 토머스 내시의 산문과 크리스토퍼 스마트의 시 또한 그러하다. 에드워드 테일러의 〈우아한 문지방·도리·용마루·늑재(肋材)·서까래〉라는 시나, 홉킨스의 "오늘 아침 나는 아침의 총아, 햇살 왕국의 황태자, 얼룩무늬 새벽을 이끄는 매를 잡았다"는 구절은 고속으로 이미지를 차례차례 쏟아내는 문학의 능력을 보여 주는 예이다. 스켈턴의 시는 특히 영화 같은 예를 보여 주는데, 다음은 〈엘리노어 러밍의 술담그기〉의 한 구절이다.

    암탉들이 에일 통 바로 위에 있는
    횃대로 잠을 자러 가면서

엿기름 속을 뛰어간다.
그리고 똥을 눌 때
그것이 에일 술통 속에 떨어진다.
그러면 엘리노어는 맥아 통을 들고
흔들어서 암탉의 똥을
떨어낸다.
그리고 그것을 뭉뚝한 주먹으로
이스트가 있는 쟁반에
툭툭 털어 버린다.
그리고 가끔 암탉의 똥과
에일을 함께 섞는다.[7]

  스켈턴의 시는 정해진 운율, 정해진 연의 패턴 등 규칙적인 것이 아무것도 없다. 이 시를 구성하는 원칙이 있다면 각운뿐이다. C. S. 루이스가 말한 것처럼 스켈턴은 언어의 자원이 고갈될 때까지 운율을 구사할 것이다. 약간 원시적인 시이긴 하지만 이상하게 효과적일 때가 있다. 루이스는 시의 주제가 혼돈・혼란・소동일 때는 뒤죽박죽의 시가 오히려 더 효과적이라는 사실을 지적하면서 이것을 설명한다.[8] 스켈턴의 재미있는 언어적 덜걱거림과 단순한 형태의 슬랩스틱 코미디 사이에는 분명히 연관성이 있다. 양자는 모두 플롯・성격・논리보다는 스피드에 의존한다. 또한 양자는 미묘한 의미나 뉘앙스보다는 단순하고, 뻔하고, 반복되는 잔재주에 의존한다. 스켈턴의 짧고 갑작스런 시행은 맥 세네트 영화의 짧은 역동적 쇼트와 같고, 어떻게 보면 난순히 연결해 놓았을 때 영화와 시 모두 매우 오락적이다.

그러나 문학에서나 영화에서나 스피드만 가지고는 한계가 있다. 도시 생활의 번잡함을 표현하는 데 매우 효과적인 토머스 내시의 막무가내로 돌진하는 산문은 활력과 긴장을 전달할 뿐 그 이상의 능력은 없다. 이미지가 눈이 피로할 정도의 속도로 화면을 가로지르고, 잘리고, 겹치고, 콜라주로 재배열되는 실험 영화에서는 스피드가 주제라기보다는 태도에 불과하다. 또한 고도로 발달된 텔레비전 광고는 뉴 아메리칸 시네마와 매우 흡사하지만, 마찬가지로 속도·소음·이미지의 번쩍거림에 의존하고 있다. 스켈턴·내시·실험 영화·광고, 이 모든 것들이 어느 정도는 효과가 있지만 주제에 맞는 스타일, 내용에 맞는 형식을 찾아내려고 시도하다 보면 내용과 형식이 뗄 수 없이 얽혀 있어야만 한다는 고전적인 명제에 한계가 보이는 것 같다. 위에서 언급한 모든 경우에 있어서 속도를 충분히 제공하다 보면 내용이 필요 없게 되고 남는 건 왕성한 행동뿐이다. 우리는 따라가느라 바쁜 나머지 따라갈 대상이 없게 된다. 그러나 속도는 문학과 영화 모두에 있어서 더 큰 양상인 페이스 문제의 극단적인 예에 불과하다. 영화는 이 페이스 문제에 있어서 우리를 점진적으로 재교육시켜 왔다. 오늘날 보통 영화의 평균 쇼트는 옛날보다 훨씬 짧아졌다. 이것이 문학에 미치는 영향은 이미 상당한 정도이며, 일반적으로 영화나 문학 모두에 있어서 중요한 페이스의 문제는 서로가 서로부터 많은 것을 배울 수 있는 영역이다.

영화의 가장 크고 중요한 장점 중의 하나는 외양에 대한 감수성이며, 묘사나 분석이 아니라 그림으로 사람과 사물을 직접적으로 나타낼 수 있는 내재된 능력이다. 그러나 이러한 장점도 양면이 있으며, 관객의 상상력이 발휘될 틈을 주지 않고 몽땅 보여 주는 영화의 가시성이 결국 상상력을 마비시키는 것이 아닌가 하는 논란이 있다. 실제로 대부분의 진지한 영화제작자들은 관객의 상상력을 끌어낼 필요를 느끼고 있으며, 그 대표적인 방법이 후속 쇼트를 연속적이지 않게 만듦으로써 관객으로 하여금 여백을 메우게 만드는 것이다. 코믹한 예를 들자면, 찰리 채플린이 전당포에 들어가서 곧바로 새옷 한 벌을 입고 나오는 장면이 있다. 우리에게 모든 것을 보여 주고 상상력이 발휘할 틈을 주지 않는 할리우드 영화는(《바람과 함께 사라지다》가 대표적인 예이다) 정말 무미건조하다. 모든 것을 그림으로 직접 표현하는 영화의 능력 그 자체가 영화를 흥미롭게 만든 것은 아니다.

이것과 관련해서, 그림이나 이미지로 사물을 표현하는 기법이 영화와 함께 새로 등장한 것이 아니라는 점을 지적할 필요가 있다. 매우 멋지게 이것을 시도한 예는 너새니얼 호손의 《대리석 목신상》에서 볼 수 있다. 그의 작품에 나타난 회화·조각·건축에 대한 끊임없는 언급에서 볼 수 있듯이 호손의 상상력은 이러한 것들에 대해 언제나 매우 민감한 반응을 보여 왔지만, 최후로 완성된 낭만 소설에서 그는 매우 괄목할 만한 것을 시도하고 그것을 부분적으로 성취했다. 이 소설은 이탈리아, 그 중에서도 로마의 시각적 찬란함으로 가득 차 있으며, 이런 이유로 인해 소설이 아니라 여행 가이드라는 비난을 받아왔다. 그러나 이 책은 소설과 시각 예술을 접목시키려는 의도적인 시도라고 볼 수 있다.

소설 서두에서 주인공들은 마르쿠스 아우렐리우스 황제의 기마상 근처에서 만나며, '조각의 위대한 선행과 무한한 권위의 분위기'가 그들을 압도한다. 그러나 나중에 헤어졌던 연인 미리엄과 도나텔로가 만나 화해할 때, 그 장소는 페루자의 시장에 있는 교황 율리우스 3세의 동상이 손을 내뻗고 있는 바로 밑이다. 로마 황제는 아니지만 그리스도교 성직자인 교황은 치유하는 능력을 가지고 있었다.[9] 호손이 동상을 세심하게 사용한 것을 보면 에이젠슈테인과 푸도프킨의 영화에서 동상을 사용한 것을 연상시킨다. 특히 에이젠슈테인의 경우에는 세 개의 돌사자가 다른 포즈로 연이어 찍혀서 마치 돌사자가 일어나는 듯한 인상을 준다. 그러나 지금의 논의와 관련하여 더 중요한 부분은 호손의 소설 제5장인데, 그 부분에서는 미리엄에 대한 섬세하고 효과적인 묘사가 거의 완벽하게 시각적으로 이루어지고 있다.

처음에는 로마의 여름 열기 아래 옛 건물의 일부로서 서 있는 낡은 저택의 묘사가 나온다. 뜰에는 낡고 상처난 석관이 지금은 쓰레기통이 되어 있다. 그 한 귀퉁이에는 걸레자루가 삐죽이 나와 있다. 책을 읽어가다 보면 이 주거지가 그 건물 꼭대기층에 살고 있는 젊은 여자와 비슷하다는 것을 점차 깨닫게 된다. 미리엄과 저택은 둘 다 새것과 옛것, 이국적인 것과 평범한 것의 묘한 어우러짐을 나타낸다. 이러한 분위기를 호손은 저택을 보여줌으로써, 또 미리엄을 만나러 계단을 올라가는 도나텔로의 눈을 통해 전달한다. 도나텔로는 노크를 하고 집으로 들어간다. 그와 미리엄은 인사를 나누지만 도나텔로의 주의를 끄는 것은 미리엄이 아니다. "그 방의 한구석에서 도나텔로는 비극적 절망의 제스처로 팔을 들어올리며 어둠 속으로 따라오라고 손짓하고 있는 긴 검은 머리칼의 여인을 어렴풋이 보고서 놀란다." 도나텔로와 독자는 이것이 목각 모델, 즉 19세기 화가들이 사용했던 '인체 모형'이라는 것을 곧 알아차린다. 그러나 점차 드러나지만 이 모형은 도나텔로에게 미리엄의 어떤 모습을 보여 준다.

미리엄은 편지를 읽는 동안 보라며 몇 장의 스케치를 도나텔로에게 준다. 그것은 야엘과 시스라, 유딧과 홀로페르네스, 헤로디아의 딸과 세례 요한 등을 그린 그림이었다. 그것은 어둡고 살기가 가득 찬 그림이었으며, 모두 '남자에게 복수심을 품는 여성의 모습'을 보여 주었다. 그러나 그림들은 모두 어딘지 모르게 결점이 있었다. "미리엄이 생각한 유대인 여자의 개념은 완벽한 여성미, 아름다운 외모, 고귀한 아름다움이 흐르는 높고 영웅적인 얼굴이었다. 그러나 자신의 작품이 마음에 안 들어서인지, 아니면 끔찍한 이야기(야엘과 시스라)가 마음에 안 들어서인지 모르지만 미리엄은 마음대로 변덕스러운 펜을 놀려 여주인공을 천박한 살인녀로 바꾸어 놓았다." 도나텔로는 괴로운 듯이 이 그림들에서 얼굴을 돌리지만 미리엄은 또 한 묶음의 그림을 주는데, 이번에는 "너무나 섬세하게 이상화되어서 우리가 언제라도 볼 수 있을 것 같은 평범하고 가정적인 장면"을 그린 그림이었다. 그러나 이러한 부드러운 가정적인 장면에는 "약간 떨어진 곳에 그려진 인물이 있는데, 그는 덤불 틈으로 훔쳐보는 듯하다가 바깥에서 성에 낀 창문을 들여다보기도 하는 인물"이다. 이제 독자는 말해 주지 않아도 도나텔로와 함께 미리엄의 그림에 그려진 인물들을 같이 관찰하고 있다. 그러나 호손은 다시 한 번 장난을 친다. 도나텔로가 이 그림들도 옆으로 밀어 놓자, 미리엄은 이젤로 가서 그 위에 놓인 그림의 포장을 벗긴다.

　　……일생에 많아야 두세 번 정도나 볼까말까 한 아름다운 여인의 초상이 드러났다. 너무나 아름다워 의식과 기억까지 파고들어 그후로는 떨쳐 버릴 수도 없이 기쁨과 고통을 주며 우리의 꿈에

까지 나타나는 그러한 아름다움이었다. 그 속에 자리잡으려고 하지 않으면서도 우리의 내적 영역을 마치 자신이 정복한 영역처럼 차지하고 있는 그러한 여인이었다.

그녀는 매우 젊었고 유대인다운 풍모를 지니고 있었다. 안색은 발그레한 홍조는 없었지만 그렇다고 창백하지도 않았다. 검은 눈은 시선이 닿는 한까지 깊이 들여다볼 수 있을 것 같으면서도 환한 대낮에도 감히 꿰뚫을 수 없는 심연이 그 속에 여전히 있었다. 검고 숱이 많은 머리칼은 다른 여자의 검은 머릿단에서 볼 수 있는 천박한 번지르르함이 없었다. 그녀가 유대인 혈통이라면 그건 정말 유대인의 머리칼이었고, 여느 그리스도교 처녀의 머리에서는 볼 수 없는 검은 아름다움이 있었다. 이 초상을 바라보면 야곱이 7년 구애하고, 또 7년을 더 구애했던 라헬의 모습을 바라보는 것 같았다. 그녀가 이대로 성숙한다면 홀로페르네스를 아름다움으로 정복하고, 자신을 너무나 사랑한 죄로 그를 살해한 유딧의 모습이 될 것 같았다.[10]

물론 초상은 미리엄의 자화상이었다. 호손이 여기서 보여 주고 있는 것은 자신의 작품을 통해 나타난 예술가의 모습이다. 목재 모형에서 스케치를 거쳐 놀라운 초상으로 옮겨가면서, 우리는 미리엄에게 점점 더 가까이 다가가 눈부신 시각적 이미지를 대하게 되는 것이다.

호손의 작품 중 가장 시각적인 이 소설이 영화로 만들어져야 된다는 생각이 들지만 영화가 호손의 산문과 같은 효과를 낼지는 의문이다. 왜냐하면 호손은 사물을 시각적으로 드러낼 뿐만 아니라 그것을 억제할 줄도 알았기 때문이다. 그래서 이 글의 효과는 우리가 실제로 초상을 보기까지는 미리엄이 얼마나 아름다운지 모른다는 사실에서 나온다. 《대리석 목신상》은 문학에서의 시각 효과에 대한 끊임없는 토론 재료를 제공한다. 여기서 말하고자 하는 요지는 영화가 출현하기 전에도 문학은 이미 놀라운 시각적 효과를 발휘했다는 점이다. 영화의 시각적 묘사가 훨씬 더 명백하고 다루기 쉽지만, 영화제작자가 명백한 것의 예술에 만족하지 않는다면 자신을 자제할 줄 알아야 한다. 여인의 아름다움을 의미 있게 통제하여 표현하려는 시도는 (미리엄에 대한 호손의 표현과 어울리는 예를 들자면) 아녜스 바르다의 《5시에서 7시까지의 클레오》에서 유일하게 볼 수 있다. 영화의 서두에서 클레오는 가발을 쓰고 성장을 하고 마네킹처럼 래커를 칠한 모습으로 나온다. 그러나 영화 중간쯤에 가발을 벗고 자신의 모습으로 살아날 때 아름답고 따스한 여인으로 변신하는 모습이 세심하고 효과적으로 다루어지고 있다. 하지만 그러한 효과는 매우 드물다. 《대리석 목신상》은 전형적인 19세기 소설은 아니지만 더 많은 것을 시각적으로 보여 줄 수 있는, 영화가 결코 흉내낼 수 없는 많은 실험과 생각들로 가득 차 있다.

지금까지 우리는 시각적 기법만 다루었으나, 영화는 이제 음향을 다루는 고유의 방법에 대해서도 물론 생각을 해야 한다. 영화에서의 음향이 너무나 명백하기 때문에 우리는 문학 또한 오래 전부터 음향에 관심을 기울여 왔다는 사실을 잊기가 쉽다. 초기 문학은 청각적이었으며, 핀다로스로부터 펄링게티에 이르기까지 시는 언제나 읽거나 노래 불려지기 위해 씌어져 왔다. 그러나 최근에 문학은 연극을 제외한다면 소리가 없는 문학으로 바뀌었다. 시 낭송·암송·소설을 소리내어 읽는 일들이 1백 년 전보다 훨씬 줄어들었고, 현대 문학의 대부분은 조용히 읽기 위해 씌어진다. 완벽한 청각 형태라고 할 수 있는 라디오극은 청각 문학의 부흥을 가져올 흥미롭고 유망한 것이었으나, 그것이 텔레비전에 의해 정복당하고 난 현재는 청각 문학이라고 할 만한 것이 전혀 없다고 할 수 있다. 영화나 텔레비전을 혹시 이런 시각에서 바로 본다면 몰라도.

그러나 구두로 발표하는 것이 아니더라도, 문학적 경험의 일부로 소리를 효과적이고 세련되게 이용해 보려는 시도는 어느 시대 어느 문학에서나 찾아볼 수 있다. 물론 가장 흔한 방법은 소리와 그것을 표현하는 언어를 일치시키는 것이다. 가령 붕붕, 찌르르, 쉿 하는 단어는 소리내지 않고 읽어도 청각적인 상상력에 영향을 미친다. 이것이 더 섬세하게 사용된 예는 앤 브래드스트리트의 '검은 갑옷을 입은 귀뚜라미'라는 표현이나, 휘트먼이 목수의 대패질을 '거칠게 높아지는 혀짤배기 소리'로 표현한 데서 찾아볼 수 있다. 극적인 효과를 위해 소리를 기가 막히게 사용한 예는, 14세기의 《가웨인 경과 녹색기사》에서 가웨인이 거대한 녹색기사와의 피할 수 없는 만남을 향해 조심스럽게 다가가는 장면에서 볼 수 있다. 가웨인은 겁에 질려 주위를 둘러보며 조심스럽게 걸어가고 있고, 우리는 녹색기사가 언제라도 등장할 것 같은 기분을 주인공과 함께 느끼게 된다. 우리의 시각적 기대감이 점점 증대되고 있을 바로 그때 숫돌에다 도끼를 가는 날카로운 소리를 듣게 되는 엄청난 청각 효과를 이 장면은 제공한다. 이 무시무시한 소리가 바로 녹색기사를 우리에게 소개하는 것이다.

《허클베리 핀의 모험》에서 마크 트웨인 또한 소리를 세심하고 폭넓게 이용하고 있다. 많은 비평가들이 지적했듯이 정확하고 다양한 방언은 실제로 말하는 소리를 듣는 것 같은 특별한 분위기를 이 책에 부여하고 있으며, 특히 강에서 벌어지는 장면에서 트웨인이 소리에 매료되었다는 사실과 그 소리를 이 책에서 실제로 들리는 것처럼 하려는 그의 노력을 볼 수 있다. 허크가 섬에 숨어서 증기선이 자신의 시체를 물 위로 떠오르게 하려고 대포를 쏘는 것을 바라보는 장면이나 잭슨 섬을 휘몰아치는 여름 폭풍의 소리를 묘사한 장면, 그리고 강 건너에서 들리는 소리를 묘사한 수많은 장면들이 바로 그러한 예이다. "멀리서 지나가는 뗏목 위에서 어떤 녀석이 나무를 패는 것을 볼 수가 있다. 왜냐하면 대개 뗏목 위에서 그런 일을 하기 때문이다. 도끼가 번쩍하고 내려오는 것이 보이는데 아무 소리도 들리지 않는다. 도끼가 다시 올라가 그 녀석의 머리쯤에 왔을 때에야 비로소 쿵하는 소리가 들린다. 물 위로 소리가 건너오는 데 그만큼의 시간이 걸렸던 것이다."[11]

영화와 문학 양쪽에서 놀라운 활약을 했던 몇 안 되는 사람 중에 속하는 제임스 에이지는, 자신의 글 속에 소리에 대한 묘사를 혼합시켜 생생한 청각적 현장감을 부여하였다. 가령 《가족 속의 죽음》에서는 루푸스라는 소년이 침대에 누워 여름 저녁의 소리를 듣는다. "지친 메뚜기 울음으로 공기는 사라지는 종소리처럼 진동했다. 차량 연결 장치가 덜커덕하고 결합했다. 입환용 기관차가 가쁜 숨을 몰아쉬었다. 자동차는 힘이 없어 씩씩대는 소리를 멀리 안 들리는 곳까지 전했다. 말발굽 소리가 텅 빈 길을 따라 지친 나막신 춤꾼의 나른한 리듬처럼 울려퍼졌고, 좁은 쇠바퀴들은 끝없는 원을 그리며 계속해서 삐걱거렸다. 보도를 따라서 예리한 구두 뒤축과 가죽신을 끌면서 젊은 남녀가 앞으로 갔다가 뒤로 물러났다."[12] 여기에서 '삐걱거리다'와 '가죽신을 끌면서'를 제외하고는 에이지가 지나치게 소리를 강조하는 것 같다. 이 글은 일종의 반쯤 성공한 역작이다. 그러나 다른 곳에서는 소리의 통제가 눈에 띄게 주의를 끌지는 않으면서 놀라운 효과로 성공을 거두고 있다.

내가 이제 말하고자 하는 것은, 저녁 때 아이들이 하는 게임에 관한 것이 아니라 그들과 거의 상관없는 동시적 분위기에 대한 것이다. 각 가정의 아버지들이 자기 잔디밭에서 생선처럼 창백한 셔츠를 입고, 얼굴을 거의 알아볼 수 없는 상태에서 호스로 잔디에 물을 뿌리는 이야기이다. 호스는 집의 벽돌 기초에 삐죽이 튀어나온 꼭지에 연결되어 있다. 노즐은 여러 가지로 조절할 수 있지만 대개는 긴 물줄기가 뿜어져 나오도록 세팅되어 있다. 노즐을 잡은 손은 물에 흠뻑 젖고, 물이 오른쪽 팔과 걷어붙인 소매에까지 뚝뚝 떨어지면서 길다랗고 완곡한 커브를 그리며 부드러운 쉬익하는 소리를 내며 뿜어져 나온다. 처음에는 노즐에서 거친 소음이 나오지만 곧 조용한 불규칙적인 소리를 내며 적응이 된 후, 마치 바이올린 소리처럼 물줄기의 크기와 모양에 따라 정확하게 높이와 세기가 조율된다. 호스 하나에 그렇게 많은 다른 소리가 있다니. 그리고 귀에 들리는 여러 호스에서 나오는 각각 다른 소리는 마치 합창과도 같다. 어떤 호스는 물이 조용한 아치를 그리며 떨어질 때 마치 숨을 죽인 것처럼 노즐에서는 거의 소리가 나지 않고, 단지 커다란 물방울이 나뭇잎과 잔디에 방울방울 떨어지면서 내는 소리만이 들린다. 그 소리와 물줄기가 강할 때 나는 쉬익하는 소리. 그리고 노즐을 틀 때마다 점점 조용하고 부드러워져서,

물이 종 모양처럼 얇은 막으로 퍼질 때 조용한 속삭이는 소리를 낸다.[13]

　세세한 부분까지 꼼꼼하게 신경을 쓰고, 평범한 것에다 아름다움과 우아함을 부여하고, 서두에서 관찰자가 아니라 화자 자신의 목소리를 들려 주도록 배려한 것들이 독자로 하여금 평생 느끼지 못하고 들어 왔던 것들을 처음으로 듣는 듯한 느낌을 갖게 한다. 소리에 이토록 신경을 쓴 영화는 찾아보기 힘들다. 에이젠슈테인은 《알렉산드르 네프스키》에서 음악을 효과적으로 사용했으며, 히치콕은 서스펜스를 만들기 위해 음향을 훌륭하게 사용했고, 《일요일과 사이벨》은 소리를 매우 자유롭고 상상력 있게 사용했다. 그러나 영화는 말하는 사람의 얼굴보다는 듣는 사람의 얼굴을 보여 주는 효과적이지만 너무 뻔한 기법 이상으로 나아가지는 못했다. 이것의 좋은 예는 트뤼포의 《400번의 구타》에서 소년이 훈육관에게 꾸중을 듣는 장면이다. 소년 자신은 아무 말도 하지 않지만, 화면에 비치는 것은 말도 안 되는 잔소리를 들으며 안절부절 못하는 상태로 앉아 있는 소년의 모습이다. 이것은 상당히 긴 장면이고 단순하고 평범한 것에 대한 트뤼포의 동정심도 에이지의 것만큼이나 크고 따스하지만, 아지의 기교가 트뤼포보다는 더 섬세하다.

　트뤼포의 이 장면, 혹은 그의 《피아니스트를 쏴라》에서 카페 주인이 주방에서 벌어진 싸움의 소음을 덮어 버리려고 마이크로 달려가 우스꽝스러운 노래를 불러대는 장면은 소리를 매우 교묘하게 사용한 예이다. 비슷한 재주를 가진 시인은 로버트 브리우닝이었는데, 그의 긴 독백은 말과 의도의 괴리에서 생기는 아이러닉한 그림을 우리 머릿속에 떠올린다.

> 헛되도다, 설교자는 말한다, 헛되도다!
> 내 침상 주위에 모여라. 안젤모는 왜 물러나느냐?
> 조카들, 내 아들…… 오 하나님, 모른다! 자——
> 그녀는 한때 너희들의 어머니였다,
> 늙은 갠돌프는 나를 시기했지, 너무 아름다운 그녀!
> 지나간 일은 돌이킬 수 없는 것, 그녀는 죽었다
> 오래 전에, 그리고 그후 나는 주교가 되었다.
> 그녀가 죽었듯이 우리도 죽어야 한다.
> 그러므로 세상은 한낱 꿈이라는 것을 그대도 알게 되리.[14]

보이는 것과 소리 사이의 눈부시고 강력한 대위법을 보려면, 두 사람이 서로에게 말하면서 동시에 자신에게 말하는 모습을 보려면 《리어 왕》 1막에 나오는 리어와 광대 장면을 보아야 한다.

> **광대** 왜 코가 얼굴 중간에 있는지 알아?
> **리어** 몰라.
> **광대** 눈을 코 양쪽에 놓고 냄새 맡을 수 없는 건 눈으로 볼 수 있도록 하기 위해서지.
> **리어** 내가 딸에게 몹쓸 짓을 했어.
> **광대** 굴은 왜 껍질이 있는지 알아?
> **리어** 몰라.
> **광대** 나도 몰라. 하지만 달팽이는 왜 집이 있는지 알지.
> **리어** 왜 그런데?

광대　머리를 집어넣기 위해서야. 딸에게 주지 않으려고. 뿔을 덮개 없이 두지 않으려고.
　　리어　아버지로서의 정을 잊어버려야겠다. 그렇게 다정한 아비였건만. 말을 준비했느냐?[15]

　이러한 예는 수없이 들 수 있지만, 위에서 든 예만 가지고도 영화에만 국한된 기법이라고 생각되던 많은 기법들이 사실은 새로운 것이 아니며, 영화에만 국한된 것이 아니라는 점을 분명히 할 수 있을 것이다. 위에서 보여 준 비교가 너무 황당무계하며, 인쇄된 형태로 경험되는 문학이 사실 그림을 보여 주거나 소리를 내는 것은 아니라는 반박이 나올 수 있을 것이다. 그러나 이것은 한 가지, 그것도 피상적인 면에서만 맞는 말이다. 왜냐하면 소설을 경험하는 것은 대개 상상된 이미지와 소리를 경험하는 것이기 때문이다. 영화는 실제 이미지와 소리를 관객에게 제시하지만, 위에서 언급한 것처럼 실제 그림과 소리가 육체적인 눈을 넘어서 상상력의 내적인 눈까지 어필하지 않는다면 무미건조하고 재미없게 된다. 문학예술가는 상상력을 자극하고, 독자가 실제로 경험할 수 있는 그림과 소리를 만들기 위해 더 한층 노력해야 한다. 그러나 그러한 효과를 내기 위해 노력해야 한다는 사실 때문에 문학가는 자기가 하고 있는 일에 대해 더 자각을 할 수 있다. 이것은 손쉽게 이미지와 소리를 제공할 수 있는 많은 영화감독들이 결코 도달할 수 없는 것들이다. 언어가 새롭고 말 자체로 흥미를 끌 수 있을 때에는, 이야기꾼이나 시인들이 그다지 재주를 발휘하지 않아도 되었다. 초기 영화도 마찬가지이다. 그러나 우리가 더 색다른 것에 익숙해지면서(《달콤한 인생》에 나오는 헬리콥터는 새로운 이미지였다. 그러나 이제는 진지한 영화에서 없어서는 안 될 요소가 되었고 대학생 관객으로부터는 웃음을 종종 자아낸다) 영화제작자는 소설가나 시인만큼이나 기법에 신경을 써야 할 것이다.

5

말로 된 언어와 시각적 언어

우리가 알고 있는 영화는 서사적 매체이며, 문학처럼 언어에 기초한 예술이다. 요즘 예술이 무언가를 어떤 방식으로 전달한다는 막연한 의미에서 언어라는 말이 회화나 건축에도 자유롭게 사용되는 것을 들을 수 있다. 그러나 20세기 중반 이후부터 영화의 서사는 은유적인 언어가 아니라 실제적인 언어로 구성되기 시작했다. 언어는 어휘·문법·구문으로 이루어져 있다. 어휘는 사물이나 추상적인 것을 나타내는 단어이며, 문법과 구문은 이 단어들을 배열하는 수단이다. 영화의 어휘는 단순한 사진 이미지이다. 영화의 문법과 구문은 쇼트를 배열하는 편집·커팅, 혹은 몽타주 과정이다. 하나의 쇼트는 하나의 단어처럼 의미를 지니고 있지만, 세심하게 배열된 일련의 쇼트는 문장처럼 의미를 전달한다. 불타는 집, 울고 있는 여인, 머리 바로 위를 나는 비행기의 쇼트는 각자가 단일한 내용을 전달하지만 비행기/집/여인의 순서로 배열된다면 하나의 진술이 된다. 영화는 거대한, 거의 무한정한 어휘를 가지고 있다. 영화의 문제는 언어에서처럼 섬세한 문법을 만들어 내는 것이었다. 그래서 페이드인 다음에 페이드 아웃이 오면 '시간이 흘렀다'는 의미를, 디졸브는 '한편 다른 곳에서는'이라는 의미를 갖게 되었다. 조리개를 닫거나 클로즈업은 원래 이탤릭체나 밑줄을 긋는 의미로 사용되었다. 발라즈가 말한 것처럼 무성 영화에서는 그림으로 현재 시제만을 표현할 수 있기 때문에 과거나 미래 시제가 없다. 그래서 플래시백은 과거를 표현하는 표준적인 방법이 되었고, 미래는 안개 낀 화면이나 슬로 모션 혹은 '꿈' 편집으로 전달할 수 있었다. 그러나 유성 영화의 큰 장점 중 하나는, 영화의 거대하고 표현력이 풍부한 어휘에다 언어의 문법적이고 구문적인 자원을 첨가할 수 있다는 점이다. 불행하게도 단점은 영화가 자신의 시각적 문법을 더 이상 개발하지 못하고, 대신 거대하고 미묘한 어휘에만 의존하게 되었다는 점이다. 단순한 편집으로 아름다운 쇼트를 연결한 영화가 어떤 효과를 내는가는 캐롤 리드의 《심야의 탈주》, 혹은 존 포드의 목가적인 분위기의 후기 서부극, 혹은 에이지의 《사냥꾼의 밤》을 찰스 로턴이 개작한 영화에서 잘 나타난다. 반면 《지난해 마리앵바드에서》와 같은 영화는 제한된, 그것도 추상적인 어휘를 쓰면서도 복잡한 편집 기법의 문법을 쓰기 때문에 쉽게 이해될 수 없는 매우 미묘한 의미를 전달한다.

어쨌든 음향이 도입된 이후로 영화 언어의 성질은 한층 더 복잡해졌다. 1910년부터 1925년까지의 영화의 꾸준한 발전에서 볼 수 있듯이 음향의 도입 이전에는 시각적 쇼트가 기본 단위였다. 푸도프킨이 본 대로 쇼트 하나는 단어 하나에 해당했고, 편집 과정이 영화의 문법을 제공했다. 그러나 음향이 도입되고 난 후 영화의 어휘는 장면과 음향으로 구성되어 사실상 두 배가 되었다. 음향이 확장되고 영화의 기본 어휘를 바꾸어 놓으면서 영화의 문법도 확장되고 다양해졌다.

이것은 동사라는 문제에서 가장 생생하게 드러난다. 효과적인 산문의 특징은 동사가 차지하는 비율이 높다는 것이다. 아마추어 작가들은 풍부하고 거창한 글을 쓴답시고 형용사로 문장을 가득 채우지만, 강한 동사가 자주 등장하지 않는 산문은 힘과 역동성이 없고 읽기 힘들다. 라틴어가 많이 섞였음에도 불구하고 새뮤얼 존슨의 산문이 효과적인 이유는 그가 대부분의 작가들보다 동사를 많이 쓰기 때문이다. 그런데 영화는 처음부터 산문의 동사에서 파생되는 힘과 역동성을 가지고 시작하였다. 그것은 영화가 움직이는 사물을 찍을 수 있다는 단순한 사실에서 기인한다. 한 남자가 벽에 걸린 총을 향해 손을 뻗어, 그것을 내린 다음, 겨드랑이에 끼고, 탄창을 열고, 장전하고, 문 쪽으로 겨냥하는 장면을 찍는다면, 문장으로 말할 때 여섯 개의 동사가 필요한 이미지를 찍는 것이다. 두번째로, 피사체는 가만히 있더라도 카메라 자신이 움직일 수 있다. 빈 방에서 카메라를 360도 회전한다면, 실제로는 동작이 없는 장면에다 회전하고 보고 따라가는 동사를 덧붙이게 되는 것이다. 세번째로, 편집이라는 독특한 능력이 발견되었을 때 영화제작자들은 또 다른 동사를 갖게 되었다고 생각했다. 일련의 정지된 쇼트를 연결시켜 강한 긴장, 잠재된 에너지, 움직임에 대한 기대를 표현할 수 있는데, 이것은 산문으로는 묘사하기 힘든 (가능하기는 하지만) 것이다. 왜냐하면 그렇게 하기 위해서는 정적이면서 동시에 스프링처럼 압축된 언어가 필요할 것이기 때문이다. 이러한 종류의 편집의 대가는 히치콕이지만 이제 이것은 영화의 보편적인 특징이 되었다. 《하이 눈》에서 기차가 도착하기를 기다리는 장면은, 정적인 재료를 편집하여 강한 동적인 힘을 표현하는 좋은 예이다. 영화는 열기에 아른거리는 선로, 기다리는 사람들, 마을에 걸린 시계, 텅 빈 거리, 보안관의 얼굴을 보여 준다. 실제로 움직이는 것은 아무것도 없지만 이러한 종류의 편집은 마을을 폭력으로 몰아가고 있다. 물론 영화가 이용할 수 있는 네번째 동사는, 연극에서 언제나 그랬던 것처럼 영화의 대사를 통해 표현할 수 있는 사운드 트랙의 실제 동사들이다.

물론 동사는 하나의 품사에 지나지 않지만 그것은 매우 중요한 요소이며, 그렇기 때문에 글에서 동사가 그러하듯이 풍부하고 다양하게 움직임을 표현하는 데 바로 영화의 잠재적인 힘이 있다고 거의 모든 사람들이 인정을 하는 것이다.

어휘와 간단한 문법에 있어서 영화와 언어를 비교하는 것과 더불어, 또 그것과 연관시켜 말할 수 있는 것은 이미지의 사용이다. 추상적인 말을 포함하여 모든 단어는 이미지에서 시작한다고 말할 수 있다. 에머슨은 지금은 추상적인 의미로 쓰이는 '거만한(supercilious)'이라는 단어가 실제로는 '눈썹을 추켜세운(raised eyebrow)'이라는 뜻이며, 한때는 그러한 태도를 보여 주는 생생한 묘사였다고 지적한다. 따라서 내가 지금까지 영화의 어휘라고 불러 왔던 것은 명백하게(영화는 다른 언어보다도 연륜이 짧기 때문에) 이미지의 전시이다. 언어는 본질상 이미지 혹은 상징을 만드는 과정이므로 문학은 그것을 효과적이고 의식적으로 사용할 수 있었고, 물론 그 주제에 관해 많은 책들이 나와 있다. 영화 또한 실제 삶의 한 부분, 그리고 실제의 현실이 아니라 현실의 재현 혹은 이미지를 그 소재로 삼는다는 점에서 문학만큼이나 이미지를 의식적으로 이용할 수 있는 넓은 가능성이 있다. 문학적 이미지에 비해 영화의 이미지는 대개 단순했지만 여기에도 변화가 있음을 보여 주는 징조가 있다. 가령 말로가 트로이의 헬레네에 대해 "일리움의 옷벗은 탑들을 태우고／수천 척의 배를 진수시킨 얼굴이 바로 이 얼굴이었단 말인가?"라고 표현한 것과 같은 파워를 가진 영화 이미지를 찾기란 힘들다.[1] 그러나 지난 10년간의 영화를 특징짓는 과감한 편집은 이미지를 통제할 수 있는 영화의 위력을 점점 증가시켰다. 펠리니의 최근 영화들의 풍부한 이미지, 안토니오니가 《정사》에 나오는 바위섬을 찍으면서 묘사한 황량함의 미묘하고 강력한 이미지들, 혹은 트뤼포의 《피아니스트를 쏴라》에서 진부한 맹세가 우스꽝스러운 현실로 실현되는 재치 있는 장면——별로 감명을 받지 않는 조무래기에게 자기 소유에 대한 자랑을 늘어놓던 건달이 마침내 "이게 사실이 아니라면 우리 엄마가 죽어도 좋아"라고 말하자, 화면에는 노파가 고꾸라지는 장면이 레이스가 둘린 타원형 쇼트로 비친다——이 그러한 예라고 할 수 있다.

영화에서의 이미지 사용과 문학에서의 이미지 사용은 유사점과 차이점이 있다. 이미지는 생생함과 중요함을 강조하기 위해 사용되는데, 문학에서는 중요한 부분을 시각적으로 드러내기 위해 애쓰고 영화에서는 시각적으로 보이는 것이 중요함을 강조하려고 애쓴다. 따라서 기법은 같지만 강조하는 점이 다른 것이다.

《어머니》에서 푸도프킨은 감옥에서 풀려나는 젊은이의 기쁨을 강조하기 위해 영화 이미지를 사용한다.

아들은 감옥에 앉아 있다. 갑자기 다음날 그가 풀려날 것이라는 쪽지가 몰래 전해진다. 그런데 그의 기쁨을 어떻게 영화적으로 표현할 것인가가 문제였다. 기쁨으로 얼굴이 환하게 밝아지는 것을 찍는다면 너무 뻔하고 효과가 없을 것이다. 그래서 나는 초조하게 움직이는 그의 손과 얼굴 아래쪽 부분을 클로즈업해서 미소의 한 구석을 보여 주었다. 그런 다음 이어서 여러 개의 다양한 소재를 연결했다. 봄철에 물이 불어서 넘쳐난 시내, 햇볕이 물에 부서져

하느작거리는 모습, 마을 연못에서 물을 철벅이는 새, 그리고 마지막으로 웃고 있는 어린아이.[2]

우리가 이 장면을 볼 때 죄수는 단지 풀려난다는 사실뿐만 아니라 새와 같이 자유롭고, 어린이의 순진성을 느낄 수 있는 봄·태양·물의 세계를 기대하고 있는 것이다. 혹은 다른 시각으로 본다면 이것은 감옥을 부정적으로 보여 주는 이미지라고도 할 수 있다. 그 기억이 태양과 물에 의해 씻겨지는 것이다. 푸도프킨의 것과 비교될 수 있는 장면이 셰익스피어의 《법에는 법으로》의 3막에 나오는 장면이다. 클로디오는 감옥에 갇혀 있고 그의 누이가 와서 자신의 순결을 바쳐야 풀려날 수 있으니, 누이가 순결을 잃는 것을 보느니 차라리 죽으라고 말한다. 클로디오는 다음과 같이 대답한다.

> 그래, 하지만 죽는 것은 미지의 세계로 가는 것,
> 차가운 물체로 누워 썩는 것,
> 이 감각적인 따스한 몸이 반죽된
> 흙덩이로 변하는 것. 즐거운 영혼이
> 불덩이의 홍수에 빠지는 것, 혹은 두꺼운
> 얼음이 박혀 있는 오싹한 지역에 처넣어지고
> 형체 없는 바람에 갇혀서
> 공중에 매달린 세상 주위를
> 사정 없이 휩쓸려다니는 것. 아니면 불안전하고
> 제멋대로의 생각이 상상하는 처참한 자의 비명보다노
> 더 처참하게 되는 것. 너무나 무섭다.

노년, 질병, 그리고 감금이 인생에 미칠 수 있는
가장 피곤하고 가증스러운 이승의 삶일지라도
우리가 죽음에 대해 두려워하는 것에 비하면
낙원이리라.[3)]

 이 두 예문은 자신의 운명을 알게 되었을 때 죄수들이 보이는 반응을 기록했다는 점에서 유사성이 있다. 둘 다 감옥에 대한 사실과 감정을 기초 혹은 출발점으로 하고 있고, 또 그 반응을 상상적인 도피, 일련의 이미지로 구축하고 있다. 그러나 가장 재미있는 차이는, 푸도프킨의 이미지는 말로 표현할 때 무척이나 감상적이라는 점이다. 그림을 사용함으로써만 푸도프킨은 감상적인 면을 피할 수 있다. 반면 셰익스피어의 묘사는 언어 그 자체로는 비범한 위력을 지니지만, 그것을 그림으로 화면에 담게 되면 초현실적인 효과가 날 것이다. '두꺼운 얼음이 박혀 있는 오싹한 지역'을 실제 영상으로 담게 되면 클로디오가 약간 미치지 않았나 하는 생각이 들게 만들 것이다. 두 장면은 그 자체의 표현 수단에서는 효과를 발휘하지만 다른 수단으로는 실패할 것이다. 그러나 양쪽의 기법은 사실상 같다.

 흑백 영화 대 컬러 영화의 상대적인 장점에 대한 논란이 그동안 많이 있어 왔다. 그리고 제재를 막론하고 컬러 필름을 쓰는 것이 영화를 강화하기보다는 약화시킨다는 데 거의 의견이 모아지는 것 같다. 왜냐하면 컬러는 이미지의 사실적이고 '실제적'인 성질을 강조하는 반면, 흑백 영화는 우리가 현실이 아니라 현실의 이미지를 보고 있다는 것을 은근하지만 꾸준히 강조하기 때문이다. 컬러를 잘 조절하여 영화의 중요한 양상으로 만들기만 한다면

(《빨간 풍선》·《오렌지색과 청색》·《파리의 아메리카인》·《붉은 사막》), 물론 아무도 이의를 제기하지 않을 것이다. 그러나 일반적으로 흑백 영화가 영화에 있어서 놀라울 정도로 뛰어난 스타일을 만들어 왔다. 그 이유를 루돌프 안하임은 다음과 같이 설명한다.

> 명도조차 그대로 두지 않고(가령 빨간색은 감광유제에 따라 너무 어둡거나 밝게 나올 수가 있다) 모든 빛깔을 흑백으로 바꾸어 버리는 것은 실제 세계의 그림을 상당히 변화시킬 수 있다. 그러나 영화를 보러 가는 사람은 누구나 화면에 나오는 세계를 사실에 충실하다고 받아들인다. 이것은 '부분적 환상'이라는 현상 때문이다. 관객은 사람의 얼굴과 같은 빛깔의 하늘이 나오는 세계를 보고도 충격을 받지 않는다. 그는 회색의 진한 정도에 따라 그것을 깃발의 적색·백색·청색으로 받아들인다. 검은 입술은 빨간색이고, 흰 머리칼은 블론드이다. 나뭇잎은 여자의 입술처럼 검다. 다시 말하면 다채색의 세계가 흑백의 세계로 변환되었을 뿐 아니라, 그 과정에서 모든 빛깔의 명도도 서로와의 관계에서 변화된 것이다. 실제 세계에서는 가능하지도 존재하지도 않는 유사성이 나타난다. 실제로는 서로 직접적인 연관이 없거나 정반대의 관계에 있는 색들이 같은 빛깔이 된다.[4]

우리가 흑백이라는 독특하고 비현실적인 세계를 받아들인다는 사실은 독자가 이야기꾼의 이상한 세계를 받아들이는 현상, 즉 콜리지가 '불신의 자발적인 중지'라고 부른 현상과 매우 흡사하다. 더구나 영화의 흑백 세계는 언어가 널리 받아들여지는 관행이듯이 단순한 관행이다. 사과라는 단어를 실제 사과로 받아들이

듯이 영화에서의 흰색 머리칼을 블론드로 받아들이는 것이다. E. H. 곰브리치의 용어를 빌리자면 둘 다 현실에 대한 용인된 대체물이다.[5]

관행의 효과에서 관행을 통제하는 예술적 문제로 넘어가자면, 흑백 영화의 세계에서 존재하는 독특하고 비현실적인 관계가 언어에서의 관계와 유사하지만, 그것은 실제 사용되기 전에 먼저 인식이 되어야 한다. 현실적으로는 나뭇잎이 여인의 입술과 아무런 관계가 없지만 영화에서는 그러한 관계가 성립되는 것이다. 따라서 언어에서의 조잡한 예를 들자면, 서로 운이 맞지 않는 물체들을 언어에서는 운이 맞도록 만들 수 있다. 개미는 부지런한 것으로 유명하다——그도 그럴 것이 속에 포름산이 들어가면 누가 차분히 있겠는가——는 오그던 내시의 말은, 그것을 시로 만들기 전에는 싱겁기 짝이 없는 말이다.

    개미는 유명해졌다.
    계속적인 부지런함으로 말이다.
    그래서?
    포름산이 네 속에 잔뜩 있다고 하자
    너라면 차분하고 조용히 있을 것 같아?[6]

마찬가지로 《사냥꾼의 밤》과 같은 평범한 소설이 강력한 영화가 된 것은, 밝은 백색과 어두운 흑색을 난폭하게 교차시키는 영화 스타일로 사악한 설교자의 세계를 묘사했기 때문이다. 흑백 영화의 효과를 서양 도덕관과 관련시켜 언급하는 것이 흔한 일이 되었지만, 위에서 말한 것처럼 그것을 언어의 관행처럼 하나의 관행으로 간주하는 것이 더 유용할 터이다.

 사실상 간과되었지만 문학의 문제와 연관시켜 생각해 볼 수 있는 영화의 또 다른 양상은 영화에 있어서 필수적인, 그러나 거의 눈에 띄지 않는 규칙성이다. 영화는 환상에 의존한다는 이야기를 우리는 많이 듣는다. 화면에는 움직임이 없다. 영사 과정은 정지된 그림을 화면에 투사하는 작업이다. 기계가 처음 그림을 지우고 다음 그림을 투사할 동안 잠시 화면을 검게 만든다. 그리고는 검은 마스크가 벗겨지고 다음 그림이 보이는 것이다. 이 대체 과정은 1초에 24회 일어나지만, 우리는 '시각의 지속' 현상으로 인해 블랙 아웃된 화면을 볼 수 없다. 즉 이미지는 화면보다 몇 분의 1초 더 오래, 영사기가 화면을 검게 하고 다른 그림을 끼운 후 다시 빛을 비출 수 있을 정도만큼 더 오래 망막에 머무르는 것이다. 전과정은 눈으로 의식하지 못하게 되어 있다. 움직임이라는 완벽하고 무의식적인 환상은 영화제작자에게는 하나의 믿음과 같은 것이다. 그러나 관객이 정말 자기 눈앞에 벌어지는 현상을 완전히 의식하지 못하거나 반응을 보이지 않는 것일까. 로렌스 더럴은 《주스틴》에서 이 점에 관해 재미있는 말을 하고 있다. "사람들은 자신의 모습으로 계속 있는 것일까, 아니면 똑같은 모습이 반복되어 그대로라는 환상을 주는 것일까——마치 오래 된 무성 영화의 찰나적 깜박임처럼?"[7]

 어쨌든 영사 과정은 고정되고 매우 규칙적인 과정이다. 고정적인 것은 이것만이 아니다. 우리는 영화의 엄청난 유동성과 자유에 대한 이야기를 많이 들으며, 또 그것은 대부분 맞는 말이다. 그러나 우리는 영화를 고정되고 한정된 상태에서 성험한다. 소설처럼 속도를 늦추거나 낼 수도 없고, 한쪽으로 치워 놓을 수도 없다. 시처럼 읽다가 이리저리 생각하거나, 몇 번씩 다시 읽을 수도 없다. 문학 비평이 거대하고 기계적인 산업이 되어 버린 것을 생각해 볼 때, 실제로 영화를 공부하면서 겪는 어려움은 한탄하기보다는 격려해 주어야 마땅하다고 주장할 수 있지만, 영화에서의 자유가 관객보다는 영화제작자에게 더 해당된다는 말 또한 사실이다. 그러나 어떤 관점에서 보면, 관객이 볼 때 영화의 고정되고 변형될 수 없는 형태는 몇몇 엄격한 문학 형태를 상기시킨다. 가령 소네트는 고정된 음절·행, 그리고 운율로 구성된다. 밀턴이나 워즈워스의 손에서 소네트는 교묘하게 행 연결이 되어 기술적으로 엄격한 형태 속에서 하나의 흘러가는 듯한 문장이 만들어지는 것이다. 그 시를 완전히 이해하기 위해서 독자는 자유롭게 흐르는 시를 가능케 했던 엄격한 형태를 먼저 이해하여야 한다. 그렇다면 영화의 즐거움도 비슷한 상황에서 비롯되는 것이 아닌가. 즉 자유로움은 그것을 가능케 했던 완벽한 기계적 형태를 우리가 막연하게 알고 있기 때문이 아닌가 하는 생각을 하게 된다.

시간이 지나가면서 점점 더 주의를 끌게 될 영화의 또 하나의 고정된 특징은, 표면을 거부하거나 무시할 수 없는 영화의 특징에서 나오는 영화의 가시성이다. 영화의 이러한 양상은 세부의 기능이라는 일반적인 문제를 제기한다. 완성된 문학 작품도 고정되어 있으며——물론 구비 문학에는 적용되지 않는다——한 단어도 바꿀 수 없다. 그리고 이런 관점에서 본다면 예술 작품은 그것이 지속하는 한 완벽하고 변할 수 없다. 그러나 문학 작품은 언어적 내용은 변화하지 않는다 하더라도 상상력이 발휘할 여지를 남겨 놓는다. 다음에 나오는 셰익스피어의 소네트 몇 행은 이 점을 잘 보여 준다.

오호라, 내가 이리저리 다니며,
나 자신을 웃음거리로 만든 건 사실이다.
내 마음을 괴롭게 하고, 소중한 것을 싸게 팔았으며
전에 범했던 사랑의 죄를 새로 또 범했도다.
무엇보다도 사실인 것은 내가 사랑의 진리를
불신의 눈초리로 낯설게 보았다는 것이다…….[8]

이 시구는 생생하고 신선하다. 이미지가 내용만큼 살아 있으면서도 산만케 하는 세부나 케케묵은 내용이 없다. 우선 이 시는 시대적인 내용을 담고 있지 않다. 의복·예법·버릇, 당시의 패션과 유행은 이런 글에 사용되지 않는다. 독자는 세부적인 내용에 방해받지 않고 인간의 정서와 생각에 몰두할 수 있고, 이 시는 3백50년 전이나 오늘날이나 똑같이 적용할 만하다. 그렇다면 위대한 예술은 완벽한 세부를 갖춘 배경이 필요하다는 말은 사실이 아니다. 그러나 영화는 어쩔 수 없이 그러한 세부를 다룰 수밖에 없다.

소설이나 시가 언어에 의존하듯이 서사 영화가 기본적인 영화 언어에 의존한다면, 둘 사이의 비교는 대개 영화에 불리하다. 왜냐하면 영화 언어는 아직 씌어진 언어처럼 유연하고, 다양하고, 정확하지 않기 때문이다. 그러나 그나마 비교가 가능한 것은 영화가 이런 방면으로 발전할 가능성이 많다는 것을 시사해 준다. 가령 영화는 '만약 이렇다면'은 보여 주는 조건절을 겨우 갖기 시작했다. 《전쟁이 끝나다》에서 레네는 미래에 대해 염려하는 디에고의 생각을 표현하면서 같은 행동을 찍은 일련의 쇼트를 반복해서 보여 주었는데, 매번 행동의 주체와 장소가 바뀐다. 우리가 보는 것은 디에고의 생각이 시각적인 단편으로 나타난 것이다. 클로드 를루슈의 《남과 여》라는 화려한 컬러 영화에서는 여주인공 아누크 에메가 장 루이 트랭티냥에게 직업을 묻는다. 그는 카레이서이지만 말하지 않는다. 단지 자기 직업이 '색다르다'고 말할 뿐이다. 갑자기 흑백으로 장면이 바뀌면서 그녀는 그가 나이트 클럽의 여급들로부터 돈을 수금하는 도시 건달이 아닌가 하는 우스꽝스러운 상상을 하며 즐거워한다. 레네는 오늘날의 다른 감독들보다 영화의 문법과 구문을 의도적으로 확장하는 데 훨씬 더 많은 관심을 가지고 있지만, 아직 일반화와 같은 엄청나게 어려운 분야가 남아 있다. 가령 《안나 카레니나》의 유명한 첫문장을 영화로 어떻게 만들 수 있을 것인가. "모든 행복한 가정은 서로 닮았지만 불행한 가정은 대개 자기만의 방식으로 불행하다." 제인 오스틴의 《오만과 편견》의 서두는 같은 문제를 제기한다. "재산을 가진 독신 남자에게 아내가 필요하다는 것은 널리 인정되는 진리이다." 영화는 그러한 짧은 일반화된 생각을 표현할 수단이 없는 것이다. 그러나 영화는 자세한 세부를 다루는 부분은 완벽하게 소화할 수 있다. 샐린저가 시모어의 부인을 '전화 벨이 울려도 꼼짝하지 않는 여자'라고 표현한 것은, 구체적인 모습과 소리를 묘사한 것이기 때문에 영화가 쉽게 옮길 수 있는 언어이다.[9]

추상 영화에 대한 열광의 바람이 가끔 불기는 하지만 영화는 대개 추상적인 것과 맞지 않는다. "일반적 성질의 묘사만큼 많은 사람을 오래 즐겁게 할 수 있는 것이 없다"는 새뮤얼 존슨의 말은 영화로 '말해질 수' 없다. 그러나 영화 언어가 존슨의 산문과 공통점이 거의 없다면, 에드워드 기번의 언어와는 많은 공통점을 가지고 있다. 기번은 《로마 제국 쇠망사》 제15장의 서두에서 이렇게 적고 있다. "그리스도교의 발전과 확립에 대한 솔직하지만 이성적인 탐색은 로마 제국 역사의 매우 중요한 한 부분으로 간주될 수 있다. 큰 제국이 공개적인 폭력에 의해 침략받고 점진적인 부패로 망해 갔다면, 순수하고 겸허한 종교는 사람들의 마음속에 부드럽게 파고 들어갔으며, 침묵과 이름 없는 상태에서 성장하였고, 반대로부터 새로운 힘을 얻었으며, 마침내 로마의 폐허 위에 십자가의 승리의 깃발을 세웠다." 기번의 일반화는 다소 구체적인 형태를 취하며, 논리는 이미지의 대조를 통해 진행되고, 이 유려한 산문은 사실상 몇 줄의 이미지로 구성된 몽타주이다. 이런 식의 글쓰기를 통해 기번은 두 가지를 동시에 말할 수 있다. 앞 글의 실제적인, 글자 그대로의 의미는 로마가 약해지는 동안 그리스도교가 왕성해졌다는 것이다. 그러나 기번의 언어적 몽타주와 이미지의 아이러닉한 병치를 통해 문장이 풍기는 의미는 그리스도교가 로마 제국을 몰래 공격하여 정복했다는 것이다. 최근 CBS에서 방송한 《위대한 연애 사건》이라는 다큐멘터리는 이런 식의 아이러닉한 산문적 몽타주를 완벽하게 보여 주었다. 겉으로 보기에 미국인과 자동차에 대한 이 영화는 역사적이고 사실적인 내용을 다루고 있었다. 그러나 몽타주·타이밍·병치는 영화제작자의 다른 주제, 즉 현대 생활의 커다란 저주로서의 자동차라는 주제로 눈을 돌리게 만들었다. 그러니까 영화를 간단한 산문하고만 비교할 수 있다는 말은 성립되지 않는 것이다. 영화가 아직 일반화나 추상화를 할 수 있는 재주는 없지만, 기번과 같은 아이러니자의 미묘하고 절제되고 구체적인 산문과는 매우 흡사하다고 말하는 것이 더 정확할 터이다.

 영화 언어는 또한 복잡한 논리를 다루는 데 어려움을 겪는다.

토마스 아퀴나스의 다음 글은 영화로 옮기기가 불가능하다. "어떤 사물을 한 사람이 다른 사람보다 더 이해한다고 말하는 것은 두 가지 의미로 받아들일 수 있다. 첫째, '더'라는 말은 이해하는 대상보다는 이해하는 행위를 수식하는 것으로 받아들일 수 있다. 그래서 같은 사물을 다른 것 이상으로 더 잘 이해할 수는 없는 것이다. 왜냐하면 그것을 원래보다 다른 뜻으로 이해하는 것은, 아우구스티누스의 주장대로 이해하기보다는 속는 것이기 때문이다."[10] 그렇다고 해서 영화가 논리를 다룰 수 없다는 뜻은 아니다. 그러나 영화의 논리는 유추나 다량의 증거를 통해 결론을 이끌어 내는 식으로 작용하는 논리이다. 가령 개입에 대한 존 던의 유명한 명언의 특징이 되는 논리를 다루는 데는 어려움이 없다. "어느 누구도 자족적인 섬이 될 수 없다. 모든 인간은 본토의 일부, 대륙의 한 조각이다. 흙덩이가 바다에 씻겨 나가면 그대의 친구나 그대의 영지가 그렇듯이, 곶이 그렇듯이 유럽은 줄어든다. 어느 누구의 죽음도 나를 작게 만든다. 왜냐하면 나는 인류에 포함되어 있으므로. 그러므로 누구를 위해 종이 울리느냐고 사람을 보내지 마라. 종은 그대를 위해 울린다."[11] 이러한 종류의 논리는 영화에서 수없이 사용되었다. 잘 알려진 예는 《파업》의 마지막 시퀀스인데 부분적으로 보여 주자면 다음과 같다.

 1) 소의 머리가 도살자의 칼을 피하면서 쇼트의 위쪽 프레임 선 너머로 사라진다.
 2) 칼을 쥔 손이 날카롭게 내리치며 아래쪽 프레임 선 밖으로 사라진다.
 3) 1천 명의 사람이 경사지를 내려온다——측면 모습.

4) 50명의 사람이 팔을 내뻗으며 땅에서 몸을 일으킨다.
   5) 조준을 하는 군인의 얼굴.
   6) 쏟아지는 총탄.
   7) 전율하는 소의 몸통(머리는 프레임 바깥에 있다)이 뒹군다.[12]

 던의 논리처럼 에이젠슈테인의 논리도 노동자를 회유하는 것이 도살 행위라는 것을 유추를 통해 주장하는 것이다. 그리고 밑에 깔린 주장은 그것이 인간 공동체의 개념을 거부하는 것이기 때문에 잘못되었다는 것이다.
 《섬》이라는 일본 영화는 던과는 반대로 세부적인 내용을 누적하는 기법으로 메시지를 전한다. 물이 없는 섬에서의 고통스러운 생활을 1시간 30분 동안 구체적으로 보여 주면, 인간이 실제로 섬과 같다는 영화의 논리가 피할 수 없이 전달된다. 이것은 《줄리어스 시저》에서 시저의 육체적 질병과 약점을 길게 늘어놓은 후, 결국 캐시우스 자신이 더 훌륭한 사람이라는 것을 우리와 자기 자신에게 설득시키는 캐시우스의 논리와 같다. 영화는 추상 개념이나 일반화에 약한 만큼 추상적이거나 난해한 논리에도 약하다. 그러나 유추나 예시를 통한 섬세한 논리의 주장에는 매우 뛰어나다.
 휘트먼과 자유시의 도래 이후로 산문과 시의 경계선 긋기가 어려워졌다. 실제로 자유시의 경우 시행이 오른쪽 여백 끝까지 가지 않는다는 점 외에는 자유시와 산문 사이에 별다른 구분이 없는 것처럼 보인다. 그러나 고전적 혹은 정규적인 시와 산문 사이에는 영화에도 적용되는 분명한 차이가 있다. 규칙적이고 반복되고 예측 가능한 음보·행·연의 패턴을 가진 시를 의미하는 고전적 혹은 정규적인 시는 두 개의 리듬을 지닌다. 꾸준히 기계적으로 반복되는 리듬의 박자와 소리내어 말하는 리듬이 그것이다. 그래서 밀턴의 《투사 삼손》에 나오는 "오, 한낮의 불길 속에서도 캄캄, 캄캄, 캄캄하도다"라는 행은, 똑딱거리는 약강보 운율과 흘러가는 듯한 말하는 리듬을 지니고 있다. '운율에 대한 계속적인 회피와 인정'이라고 불린 이 효과는 실제로 대위법의 효과이다. 음악에서처럼 한 패턴이 다른 패턴과 대조해서, 그리고 함께 연주되는 것이다. 따라서 이러한 이중 리듬은 시인이 자신의 작품의 밑바탕에 까는 고정된 패턴으로 인해 가능한 것이다. 고정된 행의 길이도 반복되는 리듬도 없는 산문에서는 이러한 이중 리듬이 가능하지 않고, 이렇게 볼 때 영화는 고전시보다는 산문이나 자유시에 더 가깝다. 산문에서는 문장이, 자유시에서는 행이 단위인 것처럼 영화에서는 쇼트가 단위이다. 정해진 문장 패턴, 정해진 행의 길이, 혹은 정해진 쇼트의 패턴이 없을 때 이들은 한 가지 리듬밖에 만들 수 없다. 물론 단일 리듬으로 훌륭한 작품을 만들 수 없다는 말은 아니다. 던의 설교, 휘트먼의 시, 그리고 클루조의 《공포의 보수》에서 볼 수 있는 잘 통제된 리듬이 바로 그러한 예이다.

 그러나 영화는 한 가지 리듬에만 얽매일 필요가 없다. 모든 쇼트를 같은 길이로 하거나, 열번째 쇼트를 다섯번째 쇼트와 같은 길이로 하는 식으로 시각적 리듬을 시도하기로 미리 결정한 영화가 어떤 효과를 거둘 수 있을지를 시험해 보는 것도 흥미로운 일일 것이다. 그 효과는 아마 매우 격식을 갖춘 인상을 주겠지만 리듬을 더 잘 통제할 수 있는 능력을 영화에 부여할 것이다. 고전시에서 보는 이중적 리듬도 가능할지 모른다.

 이 점에 있어서, 그리고 위에서 단지 몇 가지만 언급한 수많은 다른 면에 있어서 서사 예술로서의 영화에 기본이 되는 영화 언어는 아직 계속해서 발전하는 중에 있다. 그리고 영화 언어가 글로 쓴 언어의 힘·명료함·우아함·섬세함을 가진 언어로 발전되지는 못할 것이라고 단정하는 것은 시기 상조이다. 그러나 영화 언어가 그 정도까지, 혹은 그런 방향으로 발전하지 않을 수도 있다. 레네가 말한 것처럼 '영화는 아직 진정한 구문을 발견하지 못했고,' 언어로서의 영화의 미래는 마찬가지로 불확실하다.[13]

6

영화와 현대 소설

영화가 아직 발전하는 중이고 아직 완벽하게 구현된 형태는 아니지만, 그것은 이미 현대 소설에 상당한 영향을 미쳤다. 그 중 가장 명백하지만 별로 중요하지 않은 결과 가운데 하나는 영화 소설이라는 것인데, 그것은 이제 소설의 하위 장르 중 하나가 되었고 두 가지 종류로 나누어진다. 아름다운 창녀를 스타덤에 오르게 하는 '누더기에서 부자로' 식의 이야기가 있고, 또 하나는 재능 있는 작가를 고약한 영화 산업이 이용해 먹는 이야기를 다룬, 마찬가지로 김빠진, 그러나 의도는 좋은 종류의 소설이다. 칼 밴 베크턴의 《거미 소년》, 리암 오플래허티의 《할리우드 묘지》, 크리스토퍼 이셔우드의 《프레이터 바이올렛》은 모두 추하고 거친 꿈의 공장 대 운 없는 젊은 작가의 세련된 감수성 이야기를 다룬다. 불평만을 주로 다루고 있는 대부분의 이런 소설들이, 통 속에 있는 물고기를 쏘는 시도만큼이나 어리석은 오만과 토라진 토운 일색인 것은 유감스런 일이다. 오히려 찰스 밴 로운이 1915년과 1916년에 《벽 파빈과 영화》에서 썼던 이야기들이 더 흥미롭다. 활력과 유머, 또 세부에 관한 날카로운 눈을 가졌던 밴 로운은 영화 제작 초기 시절의 이야기를 썼다. 그의 책은 부당하게 무시되었지만 한창 주가를 날리던 초기 시절의 영화의 분위기를 흔히 볼 수 있는 냉소 없이 잘 포착하고 있다.

더 인상적인 것은 영화에 대해 진지한 소설을 쓰려는 몇몇 시도들이다. 《영화 촬영기사 세라피노 구비오의 노트북》이라는 부제가 붙은 피란델로의 《촬영》, 피츠제럴드의 《최후의 대군》, 그리고 너새네이얼 웨스트의 《메뚜기의 하루》가 그러한 시도에 속하는데, 영화의 기계적이고 산업적인 양상의 의미를 밝혀 보려고 한 소설들 중에 가장 훌륭한 예라고 할 수 있다. 이 책들은 저마다 궁극적으로는 영화 제작의 산업적 측면에 대한 비판이지만, 동시에 그 기법에 있어서 영화 형태의 영향을 보여 주고 있다. 피란델로의 소설은 《국가의 탄생》과 같은 스타일로 이야기를 전개시키면서 커팅으로 장면과 장면, 장소와 장소 사이를 재빨리 이동한다. 피란델로는 영화찍기의 기술적 측면에 특히 관심을 가졌으며, 영화의 기계적 특징을 산문으로 전달하기 위해 주인공에게 능란한 말솜씨를 부여했다. 주인공 구비오는 헨리 밀러의 코스모데모닉전신회사처럼 기괴한 영화사인 코스모그라프사에서 일한다. 그리고 앞에 놓인 현실을 삼켜 버리는 기계를 돌리는 또 하나의 기계가 되어 버린 그는, 카메라가 비인간화를 조장할 수 있다는 사실을 너무나 잘 알고 있다.

　습관의 힘으로 인해 이미 내 눈과 내 귀는 모든 것을 빠르고, 떨리고, 딸각거리는 기계적 재생의 모습으로 보고 듣는다.
　나는 부정하지 않는다. 겉으로 보이는 모습은 밝고 명료하다. 우리는 움직이고 날아다닌다. 그리고 날면서 스치는 바람은 빠르고, 즐겁고, 찌릿한 흥분을 자아내고, 내 모든 생각을 앗아간다. 앞으로, 앞으로! 그래서 우리 마음에 남아 있는 수치의 굴욕과 슬픔의 짐 따위는 신경 쓸 겨를이 없도록. 바깥에는 끊임없는 번쩍임과 어

지러움이 있다. 모든 것이 명멸하며 사라진다.[1]

피란델로의 소설은 영화 제작을 현대인의 조건의 메타포로 사용하고 있다. 영화 세계의 템포·외향성·기계성이 산문에 녹아들어 소설의 형태로 제시되지만, 영화 기법에 흠뻑 젖어 있는 것은 바로 소설 그 자체이다.

피츠제럴드는 그처럼 대단하게 무언가에 관심을 보인 것 같지는 않다. 우리에게 남아 있는 상태로서의 《최후의 대군》은, 영화 소설이라기보다는 할리우드에 대한 완성되지 못했지만 훌륭한 소설일 뿐이다. 그러나 가끔 피츠제럴드가 자신에게 허용하는 언어의 유희에서 영화와 연상되는 성질과 기법을 볼 수 있다. 그래서 제1장의 마지막에서 우리가 먼로 스타라는 대단한 인물을 만난 다음에, 화자는 그가 어떻게 해서 오늘에 이르게 되었는가를 보여 주려고 한다. "그는 어릴 때 더 많이 보기 위해 강한 날개로 매우 높게 날아올랐다. 위에 머무르는 동안 그는 태양도 똑바로 응시할 수 있는 눈으로 모든 왕국을 바라보았다. 날개를 끈질기게——나중에는 미친 듯이——그리고 계속 치면서 그는 우리들 대부분보다 오래 위에 머물러 있었다. 그리고 위에서 본 것을 모두 기억하면서 점차 땅에 내려앉았다." 스타는 이카로스이면서 동시에 다이달로스이다. 추구하는 자이며 발명가인 것이다. 스타의 전생애를 포괄하는 피츠제럴드의 이미지는 대담한 것이며, 그것이 계속될 때 우리는 카메라의 눈을 모방하려는 의도적인 시도를 깨닫게 된다. 화자는 계속해서 말한다. "내 생각에는 그가 '롱 쇼트'로 우리의 충동적인 희망과 우아한 못된 짓과 어색한 슬픔을 측정하는 새로운 방법을 발견했으며, 우리와 끝까지 함께

하기 위해 일부러 이곳에 온 것 같다."[2]

위의 두 소설처럼 재난과 파멸의 분위기가 드리워진 너새네이얼 웨스트의 《메뚜기의 하루》는 세 작품 중 가장 영화적인 작품일 것이다. 빠른 산문, 급히 교차되는 장면, 시각적 세부에 대한 강조를 《미스 론리하츠》에서처럼 볼 수 있으며, 이것은 아마 웨스트 자신이 영화 작업을 한 경험으로부터 나온 것일 터이다. 그리고 이 소설의 마지막 장면에서 웨스트는 매우 특별한 효과를 살려냈다. 그의 주인공은 〈불타는 로스앤젤레스〉라는 거대한 그림에 대한 작업에 몰두해 오고 있었다. 마지막 장면에서 첫 전시회날 폭동이 일어나고, 주인공의 혼미한 마음속에서 폭동이 그림 속으로 혼합된다. 그림·폭동·심판날의 불타는 천사, 그리고 소설에 나왔던 모든 사건과 인물들이 그림 속으로 들어가 궁극적인 파괴의 거창한 움직이는 그림으로 떠오르게 된다. 모든 것이 시각적으로 살아나 움직이고, 모든 것이 서로 섞이며, 초현실주의적이라 할 수 있는 마지막 효과는 산문으로 기술적으로 전달된 영화적 아이디어의 승리라고 할 수 있다.

영화적 기법을 차용하고, 가끔은 그것을 발전시키는 작가를 찾으려면 굳이 할리우드 소설에만 한정할 필요는 없다. 가령 《유에스에이》에서 존 도스 패서스는 영화 기법을 서사 소설의 목적으로 변용시킴으로써 소설의 자원을 공공연히 확장시키고 있다. 이 3부작은 《전쟁과 평화》 혹은 《패왕》처럼 야심작이며, 이 작품의 거대한 범위와 풍부한 세부는 도스 패서스가 아이러닉 몽타주를 창조하기 위해 모든 종류의 헤드라인과 뉴스 기사를 교묘하게 병치시킨 '뉴스릴'이라는 영화적 콜라주를 사용하는 데서 나온다. 뉴스릴 22는 다음과 같다.

다가오는 해는 철도의 재탄생을
예고한다.
데브스 30년형을 언도받다.
내 꿈의 나라로 굽이도는
길고 긴 길이 있네.
나이팅게일이 노래하고 흰 달빛이 비치는……

그리고 '카메라-아이'라는 단락에서 도스 패서스는 의식의 흐름이라는 문학 기법이 영화 기법과 얼마나 근사한지를 보여 주고 있다. 1919년의 어느 단락은 이렇게 시작한다.

그녀가 죽어가고 있다는 전보가 왔는데(모든 학교에 있는 모든 석판에다 대고 연필을 모조리 문질러대는 것과 같은 소리를 전차의 바퀴가 벨글래스 주위에 냈다) 프레쉬 폰드를 걸어가면 웅덩이 물의 냄새 찬바람에 날리는 버드나무 봉오리 보스턴 근교를 통과하는 트럭들 위로 굉음을 내는 전차 바퀴가 덜컹거리고 슬픔은 유니폼이 아니야 가서 부치를 놀라게 해 연방 노선을 타기 전에 레녹스에서 저녁으로 와인을 마셔
나는 패랭이꽃이 싫증났어
모두 치워 버려……[3]

《유에스에이》에서 사용된 세번째 장치는 사람이나 단체를 재빨리 스케치한 짧은 전기이다. 이 중에서 가장 유명한 것이 '모건 가'의 스케치인데, 빠르고 자세한 몽타주풍의 내러티브는 오슨 웰스가 비슷한 주제를 《시민 케인》에서 다룬 것과 매우 비슷

하다. 앙드레 바쟁은 《시민 케인》이 "도스 패서스가 없었더라면 결코 존재하지 못했을 것이다"라고까지 이야기한다.[4]

더 가까운 예로 샐린저의 〈주이〉의 서문은 다소 냉소가 섞여 있기는 하지만, 그 소설이 단편이라기보다는 '산문으로 된 홈 무비'라고 묘사한다. 샐린저의 스타일은 적어도 〈주이〉에서는 약간 호흡이 길며, 편집이 되어 있지 않고, 기법상 다큐멘터리이며, 세세한 부분을 애정을 가지고 다룬다. 〈주이〉의 산문은 보통 할리우드 영화뿐만 아니라 업다이크와 로스의 글에서 볼 수 있는 기술적 부드러움이 없다. 왜냐하면 샐린저는 자신의 기법보다는 주제에 더 관심을 끌고 싶은 아마추어 작가의 일견 단순하고 솔직한 접근 방법을 취하기 때문이다. 그래서 그 단편 소설의 약장에 대한 묘사에서 놀랄 만큼 자세한 세부 묘사가 쏟아져 내리는 것이다.[5]

블라디미르 니보코프는 〈보조제작자〉라는 단편에서 한 걸음 더 나아가 영화를 주된 메타포로 사용하고, 카메라 트릭과 앵글을 산문으로 어떻게 사용할 것인가를 분명히 보여 준다. 이야기는 이렇게 시작한다.

> 의미가 뭐냐고? 글쎄, 가끔 인생은 단지 그것——보조제작자——일 뿐이지. 오늘 밤 우리는 영화를 보러 갈 거야. 30년 전으로 거슬러 올라가 20년대까지, 그리고 모퉁이를 돌아 낡은 유럽의 영화관으로…… 유령 같은 말을 탄 유령 같은 코사크 군대의 무리가 보조제작자의 사라지는 이름 사이로 돌격하는 것이 보이지. 그리고 깔끔한 골룹코프 장군이 오페라 글라스로 전장을 한적하게 훑어보는 모습이 보여. 우리가 어릴 때 옛날 영화에는 쌍안경으로

보이는 광경이 두 개의 연결된 원으로 깔끔하게 테두리가 쳐 있었지. 지금은 그렇지 않아. 우리가 보는 광경은 골룹코프 장군이 갑자기 나태함을 떨쳐 버리고 안장에 올라타 앞발을 쳐든 말 위로 하늘처럼 솟았다가 미친 듯이 공격을 하는 장면이지.[6]

하인리히 뵐의 《내일과 어제》는 비슷하지만 섬세하게 영화를 이용하면서 여주인공 넬라의 상상력 속에 영화가 너무나 깊숙이 침투하여, 그녀의 상상력이 이제부터는 영화처럼 작용한다는 것을 보여 준다. 소설 앞부분에서 넬라는 긴 회상을 하면서 독자를 위해 과거의 조각을 떠올리며 재생한다. 그것들은 이제 영화 장면과 같아서 정지된 기억을 끝없이 재생할 수 있는 릴과 같다. 엉터리 같은 문화 강의를 듣고 귀가한 넬라는 남편 레이를 처음 만났던 작은 장소에서 걸음을 멈춘다. 남편은 그후에 지휘관의 증오와 우둔함 때문에 전사하였다.

그녀는 레이와 함께 거기에 1백 번도 넘게 앉았었다. 그곳은 영화를 끼워 맞춰 필름을——이제는 꿈이 되어 버린——영사기에 걸기에 적절한 장소였다. 불을 끄고 단추를 누르면 원래 현실이 되었어야 할 꿈이 그녀의 머리에 번쩍이며 스쳐간다…… 이제 첫 번째 시퀀스 시작…… 젊은 남자가 그녀의 테이블에 다가와, 그의 회색 그림자가 그녀의 손에 떨어진다. 그리고 그녀가 올려다보기도 전에 그는 말한다. "그 갈색 재킷을 벗으세요. 안 어울려요." 그리고 그는 그녀 뒤에 서서 차분히 팔을 들고 브라운 히틀러 유스 재킷을 벗겼다. 그는 그것을 바닥에 던지고, 발로 차서 아이스크림 가게 구석으로 밀어넣은 다음 그녀 옆에 앉았다…….[7]

영화 소재를 소설에 사용하려는 시도 중 가장 인상적인 것은 제임스 에이지의 《가족 속의 죽음》이다. 이 소설은 아버지 제이와 아들 루푸스가 영화를 보러 가는 것으로 시작된다.

그날 저녁 식사 때, 아버지는 전에도 여러 번 그랬듯이 이렇게 말했다. "영화 보러 가는 게 어때."
"오, 여보." 어머니가 말했다. "그 끔찍한 작은 남자를 보러요!"
"그 사람이 어때서?" 아버지는 어머니가 어떻게 대답할지 몰라서가 아니라 바로 그 대답이 듣고 싶어 이렇게 물었다.
"그 사람 고약해요!" 어머니는 늘 그렇게 말했다. "너무 천박해요! 고약한 작은 지팡이. 치마나 그런 것들을 들추고, 그리고 그 고약한 걸음걸이란."
아버지는 항상 그렇듯이 웃었고, 루푸스는 이제 그것이 썰렁한 농담이라고 생각했다. 그러나 언제나 그랬듯이 그 웃음은 그를 즐겁게 했다. 웃음이 아버지와 자신을 연결한다고 느꼈던 것이다.

채플린에 대한 두 가지 태도는 이 소설에서 남성과 여성 세계를 갈라 놓는 분기점에 대한 암시이다. 그러나 이제 우리는 제이와 루푸스를 따라 영화를 보러 간다. 그들이 "화면 불빛을 따라 자리를 찾아갈 때 텁텁한 담배 냄새, 땀 냄새와 향수, 더러운 속옷 냄새가 났고, 피아노는 빠른 음악을 연주했고, 질주하는 말은 먼지를 피워올렸다. 그리고 긴 말상의 얼굴과 길고 야무진 입술을 한 윌리엄 S. 하트가 쌍권총의 불을 뿜었고, 세상만큼 넓은 시골길을 뒤로 하며 말을 타고 나아갔다." 에이지는 화면에서 영화가 살아나도록 만들고 있다. 그는 사람들로 가득 찬 극장과 영화를 분리시키지 않고, 그 둘을 하나로 연결시켜 마치 윌리엄 S. 하트가 되살아난 집단 백일몽의 장처럼 만들고 있다.

그러나 에이지가 우리에게 보여 주는 영화는 탁 트인 평원과 총을 쏘는 낭만적 영웅과 뻔한 플롯의 영화가 아니다. 제이가 보게 되는 영화는, 에이지가 영화에 관한 글을 쓸 때 항상 쓰는 생생한 산문으로 다음과 같이 묘사되어 있다.

그리고 화면은 도시와 도시 뒷골목의 보도와 늘어선 야자나무로 채워졌고, 드디어 찰리가 나타났다. 그가 땅땅하게 팔자걸음으로 무릎을 벌리고 걷는 것을 보고 모든 사람이 웃었다. 루푸스의 아버지와 루푸스도 웃었다. 이번에는 찰리가 계란 한 봉지를 훔쳤고, 경찰이 오자 그것을 바지 뒷주머니에 숨겼다. 그때 예쁜 여자가 눈에 띄자, 그는 쪼그리고 앉아 지팡이를 빙빙 돌리며 우스꽝스러운 얼굴을 한다. 여자가 머리를 튕기며 턱을 높이 치켜들고 입을 최대한도로 조그맣게 오므리고 걸어가자, 그는 지팡이로 온갖 짓을 해 사람들을 웃기면서 그녀를 부지런히 쫓아가지만 그녀는 전혀 관심을 보이지 않는다. 마침내 그녀는 모퉁이에 멈춰 서서 등을 돌리고 전차를 기다리면서 마치 그가 존재하지 않는 것처럼 행동한다. 한참 그녀의 관심을 끌려고 애쓰지만 여의치 않자, 그는 관객을 바라보며 어깨를 으쓱한 뒤 그녀가 존재하지 않는 것처럼 행동한다. 그러나 아무렇지도 않은 듯 발을 탁탁 치다가 다시 관심을 보이며 매력적인 미소로 인사를 한다. 그러나 그녀는 뻣뻣한 태도로 다시 머리를 치켜들고, 관객들은 웃는다. 그리고 그가 그녀 뒤에서 왔다갔다 하면서 그녀를 바라보다가 조용히 걸으며 몸을 쪼그리자 모두들 웃음을 터뜨린다. 그리고 지팡이의 길쭉

한 쪽을 붙잡고 구부러진 끝으로 그녀의 치마를 무릎까지 추켜올린 후, 그녀의 다리를 열심히 관찰하자 모두 크게 웃음을 터뜨린다. 그러나 그녀는 모른 척한다. 그러자 그는 지팡이를 돌리며 갑자기 다리를 굽히고 지팡이로 자기 바지를 추켜올린 후, 커튼 끝처럼 레이스가 달린 여자의 팬티가 보일 때까지 치마를 끌어올리며, 모든 사람은 포복절도한다. 그러자 그녀는 갑자기 분노하여 그의 가슴을 떠밀고, 그는 뻣뻣한 다리로 엉덩이가 아플 만큼 주저앉으며, 또 모두 폭소를 터뜨린다. 그리고 그녀는 전차를 포기하고 오만한 모습으로 거리를 걸어 올라간다. "말벌처럼 화가 났군" 하고 아버지는 웃으며 말했다. 그리고 보도에 털썩 주저앉은 찰리의 모래 씹은 표정으로 보아 갑자기 주머니에 넣은 계란이 생각난 모양이었고, 우리도 갑자기 그 생각을 하게 되었다.[8]

이 장면의 생생한 효과는 작가의 절제되고 막힘 없는 산문뿐만 아니라, 영화와 함께 관객의 반응까지 묘사하는 기법에서 나온 것이다. 여기서 시사하는 바는, 영화는 관객이 있어야 의미가 있으며 생명력을 가진다는 것이다. 이 장면으로 소설을 시작하면서 작가는 순수한 솔직함을 소설에 부여하고 있다. 어떤 면에서 소설 전체가 많은 사람에게 어필하며 인간 본성에 대한 본능적 매력을 지니고 있는 채플린의 영화와 비슷하다. 그러니까 책머리에 윌리엄 S. 하트가 아니라 채플린이 엠블럼으로 자리잡고 있는 것이 당연하다. 왜냐하면 《가족 속의 죽음》이라는 소설은 거창하고 칼을 휘두르는 영웅과 악당과 연인이 등장하는 소설이 아니라, 채플린의 영화처럼 언제나 인생에 이리저리 떠밀려다니지만 '그의 작은 이미지 위에 화면이 갑작스럽게 어둠의 원을 덮어씌

울 때까지' 용케 버티며 뒤뚱뒤뚱 걸어가는 소시민, 반영웅적 인간에 대한 것이기 때문이다. 여기서 에이지는 유머를 망각하고 있는 것이 아니다. 오히려 그 반대이다. 그러나 이 장면과 소설에 있어서 그의 관심은 채플린의 영화가 전세계를 통해 울린 인간적 동정의 깊은 심금이다.

소설의 서두에서 에이지가 긴 영화 장면을 사용하는 것은, 우리로 하여금 이 책에 가득 찬 영화 테크닉을 기대하게 만든다. 나는 에이지가 음향을 뛰어나게 사용하는 데 대해 이미 언급한 적이 있고, 대체로 이 책의 생생함은 이미지와 음향을 꾸준하게 사용하는 데서 나온다. 채플린의 영화를 마음속에 둔 채로 우리는 계속해서 책 속에 빠져 들어가며, 마치 영화를 보듯이 사건을 보고 듣는다.

《가족 속의 죽음》에는 작가의 사후에 편집자들이 끼워넣은 수많은 이탤릭체 문장들이 실려 있다. 그 문장들이 어디에, 또는 실제로 들어가게 될지는 모르지만 그것들은 그럼에도 불구하고 매우 효과적이다. 왜냐하면 저녁 때 잔디에 호스로 물을 뿌리는 소설의 서두에서 볼 수 있듯이, 이들은 독립된 에피소드로서 몽상을 다룬 영화의 시퀀스와 같기 때문이다. 또한 이 단락들은 합창과 같은, 혹은 대위법적인 기능을 하면서 소설 전체의 큰 주제와 연관이 되기 때문에 세심한 편집자가 어디에 그것을 넣을지라도 효과를 낼 수 있다. 그것은 영화의 꿈 장면, 혹은 《태양은 외로워》의 마지막 합창 시퀀스와 같다. 만약 작가 자신이 소설의 편집을 완성할 수 있었다면, 그 자체로 무섭고 효과적인 이 장면들이 뇌종양 때문에 정신이 망가진 소년에 대한 D. H. 로렌스의 단편을 토대로 만든 《흔들목마 수상자》라는 영화의 기괴한 효과도 낼 수 있었을 것이라는 주장도 가능하다. 어쨌든 영화적 주제와 영화적 기법이 《가족 속의 죽음》에 녹아 있고, 이 소설의 은근한 위력과 순수한 인간성에 대한 꾸준하고도 동정적인 호소를 가능케 하는 요인이 된다.

맬컴 라우리의 《화산 밑에서》는 《가족 속의 죽음》과 같은 종류의 소설은 아니지만, 특히 민감하고 다양한 음향의 사용에 있어서 영화의 강한 영향을 보여 준다. 어느 시점에서 등장 인물들을 바에 모두 모은 후, 라우리는 그 장면을 음향의 몽타주로 제시한다. 오랫동안 떨어져 있다가 만난 인물들이 서로 대화를 시도할 때, 바에서 흘러 나오는 다른 대화의 조각과 편린들이 떠돌아다니며 들린다. 그 효과는 기괴하고 으스스하지만, 라우리는 그 장면을 재치 있게 처리함으로써 시나리오 작가가 소리의 사용에 항상 관심을 가지는 것을 보여 준다.

'너 그동안 어떻게 ──.'
'── 살았어' 라는 말이 유리 간막이 너머에서 들려 왔다. '대단한 인생이야! 제길, 정말 창피해! 우리 고향에서는 사람들이 달리지 않지. 우리는 그냥 이쪽으로 치달으면서 ──.'
'── 아냐. 네가 대답이 없길래, 나는 물론 네가 영국으로 돌아간 줄 알았지. 어떻게 된 거야? 오, 제프 ── 제대했어?'
'── 포트 세일에 내려갔지. 너의 신발을 가지고. 네 브라우닝도 가져갔어 ── 점프, 점프, 점프, 점프, 점프 ── 알겠어? ──.'
'산타 바바라에서 루이스와 마주쳤지. 자네가 아직 여기 있다고 하더군.'
'── 아무리 애써도 자넨 할 수 없어. 그리고 앨라배마에서는

그런 일들을 한다구!'

'사실 나는 한 번밖에 집을 떠나 보지 않았어.' 영사는 길게 한 잔 마시더니 그녀 곁에 앉았다.

'옥사카를 위하여 ——옥사카 기억나지?'

'——옥사카라구요?'

'——옥사카.'[9)]

프랑스 소설가인 로브 그리예는 영화가 세부와 외부적 표면을 잘 다루는 점에 착안하여(물론 이것이 영화의 가장 큰 장점이라는 뜻은 아니다) 새로운 소설 이론을 세웠다. 인간의 의도·동기·반응 등 심리적인 면을 불신하는 로브 그리예는 오브제와 겉으로 보이는 모습만이 유효하다고 결론내렸다. 그의 주장에 의하면, 우리가 의미라고 부르는 것은 현실을 우리에게 맞는 패턴으로 예술적으로 배열한 데서 나온다는 것이다. 그리고 자신의 소설에서 로브 그리예는 단지 표면만을, 외양만을 제시한다. 그가 정신에 대해서 쓸 때에는 이미지가 현실과 비현실, 과거와 미래를 떠다니는 비몽사몽의 상태, 환상만을 기록하려고 노력한다. E. M. 포스터가 《하워즈 엔드》의 제사로 "단지 연결만 하라"는 말을 쓰면서 결정적인 인간의 욕구가 사물과 사람이 어떻게 서로 의존하고 있는지를 보는 것이라고 했다면, 로브 그리예는 "단지 분리하라"는 말을 썼을 것이다. 그러나 이러한 몰입으로 인해 그는, 단지 책을 쓰는 어리석음에 대해 책을 쓰는 사람이 되어 버린다는 반박이 나올 수 있을 것이다. 왜냐하면 그의 분리는 다른 사람의 연결만큼이나 세심하게 조작된 것이고, 출판된 그의 소설에 의해 판단한다면 이러한 결과는 고도의 시각적 내용을 갖춘 획일적인 무질서이다. 그래서 그는 자신은 아무런 주장을 하지 않는다고 주장한다. 그래서 그 결과는 인생을 글·그림, 혹은 돌로 바꾸어 놓으려는 대부분의 시도보다 나을 것이 없다. 《변태 성욕자》의 서두는 표류하는 영화주의로서의 그의 소설을 보여 주는 좋은 예이다.

마치 아무도 듣지 않은 것 같았다.
휘슬이 다시 울렸다──날카롭고 긴 소음에 이어 세 개의 짧은 고막을 찢는 듯한 폭력의 소리가 들렸다. 목적도 결과도 없는 폭력. 더 이상의 반응도──더 이상의 외침도 없었다. 처음에 들린 것밖에는. 어느 누구의 얼굴도 흔들림이 없었다.
긴장되고 안타까운 일련의 시선들이 요동 없이 평행으로──서로 엇갈리며──골과 그들을 갈라 놓는 좁은 공간을 향해 애써 나아갔다. 모든 머리들이 서로 나란히 같은 모습으로 치켜들리었다. 무거운 소리 없는 증기가 그들 위에 있는 대기중에 마지막으로 피어올랐고 곧 사라졌다.[10]

서두에 제시된 불일치의 어조가 소설을 지배한다. 소설은 들리지도 않는 소음, 목적도 결과도 없는 폭력, 마주치지 않는 시선으로 시작하고 끝난다. 로브 그리예는 영화가 경험을 새로이 배열하는 능력을 가지고 있다면, 그것이 누군가의 손에 들어갈 때 무질서를 만들어 내는 힘, 무작위성을 합법화하는 방법, 예술이 현실을 복사할 수 있다는 새롭고 매력적인 이유 또한 될 수 있다고 생각했다.
언어적 콜라주를 담고 있는 윌리엄 버로스의 최근작은 문학

속의 영화의 또 다른 재현이다. 버로스는 무작위로 혹은 어떤 목적을 가지고 재료를 선택하여, 마치 영화편집자가 필름 조각을 단순히 붙이듯이 단편들을 그냥 병치시켰다. 문법과 구문 대신 병치를 이용한 버로스의 작품은 궁극적으로 몽타주를 산문에 적용해 보려는 시도이다. 신문을 인쇄된 칼럼의 순서대로 읽을 수도 있고, 특정한 줄을 페이지 끝까지 읽을 수도 있다. 후자의 시도가 어떤 의미가 있는지는 분명치 않다. 모든 것을 완벽한 무작위성으로 축소시키려는 욕구같이 보이기도 한다. 이러한 아이디어는 호르헤 루이스 보르헤스가 〈위대한 바빌론 복권〉이라는 소설에서 훌륭하게 시도했다. 인생의 더 많은 부분이 체계적으로 무작위성에 의존하도록 만들어진다면 칼뱅과 같은 놀랍고 무서운 결정론이 등장하기 시작한다. 그리고 마침내 모든 것이 우연에 맡겨지면 우연이 더 이상 존재하지 않게 된다. 인간은 완전히 구제받을 수 없는 무력한 존재가 된다. 그러나 보르헤스의 책이 하나의 경고이고, 결국 정상적인 상태에 대한 호소이기 때문에 이것이 보르헤스의 의도인 것 같지는 않다. 《벌거벗은 점심》과 《노바 특급》 같은 영화적 몽타주 산문에서 그가 기록하는 무질서는 결국 무질서이다.

그렇다면 매우 사소한 것에서부터 매우 중요한 것에 이르기까지 영화는 이미 소설에 영향을 미치기 시작한 것이다. 영화는 플래시백·슬로 모션·페이드 그리고 디졸브와 같은 유용한 스토리텔링 기법을 제공했고, 샐린저에서 로브 그리예에 이르는 작가의 스타일을 논의할 수 있는 자료도 제공했다. 더 일반적으로 영화가 시점에 꾸준하고 명백하게 의존하는 것은, 많은 작가들로 하여금 통제되거나 유연한 시점의 가능성과 사용에 대해 의식하게 만들었다. 도스 패서스·포크너·헤밍웨이에서 현재에 이르기까지 시점의 엄격한 통제는 소설에서 점점 더 중요하게 되었다. 이것은 적어도 부분적으로는 영화 때문이다. 다른 면에서는 영화적 서사의 경제성이 몇몇 소설가들에게 영향을 주었고, 영화의 완전한 가시성으로 인해 소설에서 음향과 시각이 더욱 강조되었다.

아널드 하우저는 다음과 같은 포괄적인 생각을 표현한 적이 있다. "현대 예술에 있어서 시간의 범주는 전적으로 영화적 형식의 영향에서 나온 것임에 틀림없다. 그리고 질적으로 가장 풍부하지는 않지만 스타일상으로 현대 예술을 가장 잘 대표할 수 있는 장르로 영화를 간주하고 싶은 생각이 든다."[11] 이 말은 약간 모호하고 과장된 면이 있다. 그러나 영화는 현대 생활의 일부가 되었으므로 워커 퍼시의 《영화관람객》에서처럼 이미지 소설의 소재나 제재로 휩쓸려 들어갔다. 둘째로, 현대적 삶을 바라보고 제시하는 영화의 독특한 방법 또한 소설에서 자주 반영되었다. 그래서 노먼 메일러는 《벌거벗은 자와 죽은 자》에서 다음과 같이 자세한 장면을 묘사할 때 카메라-아이를 사용할 수 있었다. "야영지에서 거의 모든 천막이 접혔다. 그리고 영화를 너무 빨리 돌릴 때 사람이 우스꽝스럽게 잰 걸음으로 걷는 것처럼 여기저기에서 군인이 거센 바람과 싸우면서 진흙 속을 뒤뚱뒤뚱 걸어갔다."[12] 마지막으로 영화 서사가 소설의 서사에 미친 일반적인 영향을 생각해야 할 것이다. 1934년에 벌써 에즈라 파운드는 "영화는 많은 아류 서사를 능가한다." 그리고 "영화는 모든 서사의 극적 재료의 60퍼센트를 다른 어떤 표현 수단보다도 더 잘 사용할 수 있을 것이다"라고 말했다.[13] 당시에는 극단적인 것처럼 보였던 주장들이 이제는 더 이상 지나친 것 같지 않으며, 영화가 서사 혹은 단순한 스토리텔링을 소설과 공유하게 되었다면 영화는 동시에 또 다른 주요한 서사적 형태에도 강력한 영향력을 미치고 있다.

ㄱ

시와 영화에서 질서와 통일성의 문제

영화의 가장 기본적인 기법은 커팅·편집 혹은 몽타주라고 부를 수 있는 병치를 통해 화면을 구성하는 기법이며, 이것은 극영화의 가장 큰 특징이기도 하다. 그리고 이 기법은 문학에도 가장 큰 영향을 미친 영화의 특징이다. 이 기법이 갈 수 있는 극단적인 한계는 영화의 병치 기법으로부터 혼돈스러운 소설의 기법을 차용한 로브 그리예와 다른 작가들의 작품에서 드러나지만, 문학에서의 가장 건설적인 몽타주의 사용은 현대 시에서 발견된다.

20세기초에 베이철 린지는 〈아름답고 찬란한 무덤에서 벌어지는 죽은 클레오파트라에 대한 재판〉이라는 긴 시를 썼으며, 《영화의 예술》이라는 책에서 시를 영화로 만들 것을 제안하였다. 내가 보기에 시 자체는 형편없으나 린지의 아이디어만은 주의를 끈다. 무성 영화의 그림 언어가 이집트의 상형 문자와 비교될 수 있다는 주장을 계속하면서, 린지는 그 비교를 한 차원 더 끌고 나간다. 멜빌이 그랬듯이 린지는 인간의 신화와 종교는 모두 이집트에서 비롯된다고 생각했다. 멜빌은 '여호와라는 끔찍한 개념'이 피라미드에서 탄생했다고 적고 있으며, 린지는 "인간은 문명인이 되기 이전에 먼저 이집트인이다"라고 썼다.[1] 그래서 린지는 《사자의 서》를 '낮에 등장하는 데 대하여'라고 번역하고, 그 책의 형태와 의식을 통해 클레오파트라 이야기를 다시 말하면서 일종의 부활의 원형을 만들고자 했다. 물론 그리스도교와 이집트의 신화는 중요한 개념이지만, 여기에서 우리는 린지가 영화를 통해 불멸의 개념을 시각적으로 제시할 수 있다고 생각한 인상을 갖게 된다.

자신의 소네트에서 예술적 창조 자체가 재생의 과정이므로 시를 쓰는 행위는 시간과 싸우며, 파멸을 거부하고, 일종의 재생을 제공하는 행위라고 주장한 셰익스피어처럼 린지도 영화 자체를 재탄생 혹은 재생의 패턴 혹은 패러다임이라고 생각한 것 같다. 에머슨은 "천재성은 사물의 쇠퇴를 치료하는 활동"이라고 말한 적이 있으며, 린지의 시도 결함은 있지만 그러한 행위의 고상한 모범을 보여 준다.

아마 영화의 영향을 이모저모로 가장 명백하게 보여 주는 시는 하트 크레인의 〈채플린다움〉일 것이다. 크레인은 다른 곳에서 그랬듯이 여기에서도 영화에서의 이미지 흐름과 비슷한 압축된 생략 스타일을 사용하고 있다. 그뿐 아니라 크레인이 얼마나 영화의 영향을 깊이 받았는지를 보여 주는 것은 린지가 '빛의 고요함'이라고 말한 방식으로 전달되고 인식되는 가시적 인간성, 우아함이다.

> 게임은 미소를 자아낸다. 그러나 우리는
> 외로운 골목에서 달이 빈 쓰레기통을 보고
> 흐드러지게 웃는 것을 보았다.
> 그리고 명랑함과 추적의 모든 소리 가운데
> 황야의 고양이 소리를 들었다.

또 크레인은 그의 야심작 《다리》의 서두에서 영화 이미지를 사용하고 있다. 〈서시〉의 세번째 연에 이런 행이 나온다.

> 나는 영화를 생각한다. 파노라마의 속임수로,
> 결코 드러나지 않았지만 다시 서둘러 달려가며,
> 같은 스크린에서 다른 눈들 앞에 펼쳐진 적이 있는,
> 번쩍이는 장면에 수많은 시선이 집중된다.[2]

크레인은 여기에서 시 자체가 번쩍이는 장면이며 파노라마적 속임수라고 시사하는 것 같다. 이해하기보다는 바라보기가 더 쉬운 영화 같은 이미지의 시 말이다. 크레인의 시는 여전히 어렵지만, 영화적 스타일의 요소를 사용한다고 생각하고 접근하면 이해하기가 조금은 더 쉬워질 듯하다.

시에 영화적 형태와 제재를 포함시키려고 분명히 노력한다는 점에서 위의 시들이——그리고 그와 같은 다른 시들도——흥미롭기는 하지만, 그렇듯 명백한 영향의 실제적 중요성은 현대 시와 영화에 깊은 영향을 끼친 스타일이라는 광범위한 문제와 비교할 때 상대적으로 작아진다. 사실 시와 영화는 어떤 것이 어떤 것에 먼저 영향을 끼쳤는지 말하기가 쉽지 않다. 그러나 어떤 방식으로 설명하든지간에 현대 시와 영화가 놀랍도록 비슷한 노선을 따라 발전해 왔다는 점만은 분명하다.

앞에서 휘트먼의 시가 영화적 스타일을 향해 한 걸음 나아간 것으로 생각할 수 있다는 지적을 한 적이 있다. 물론 휘트먼의 예를 19세기 사람들이 그다지 따르지 않았으며, 그의 점점 음유적이 된 후기의 과장된 시가 사람들의 모방을 부추기지는 않았던 것

또한 사실이다. 그리고 남북 전쟁에서 세기말에 이르는 미국 시는 점점 형태가 없어져 가는 세계에서 형태의 문제를 계속해서 모색했다. 시드니 러니어는 시를 순수 음악의 형태로 밀고 나가려 했다. 에드거 앨런 포도 이 목적을 향해 노력했다. 에밀리 디킨슨은 찬송가에 기초한 형식에 의존하면서 위대한 시를 창조했다. 멜빌은 온갖 종류의 이상한 시 형식을 시도했다. 스티븐 크레인은 거친 격언적인 스타일을 실험했다. 한편 브라이언트·롱펠로·휘티어 그리고 J. R. 로웰의 점잖은 전통을 이어받은 시인들은 전통적인 형태와 스타일에 안주했고, 그들의 작품은 점점 약하고 비현실적이 되어갔다. 1890년대 무렵 에드윈 알링턴 로빈슨 같은 시인은 자기 주변에서 세 개의 이름과 진부한 주제를 다룬 신사 시인들, 그가 소위 '작은 소네트 남자들'이라고 부른 시인들밖에 찾아볼 수 없었다. 1930년대까지 계속해서 쓰기는 하였지만 초기 시의 특징을 그대로 유지했던 로빈슨 자신의 작품은, 1890년부터 1910년까지의 시의 일반적인 현상을 매우 잘 보여 준다. 그의 시에서 반복적으로 나타나는 지배적 이미지는 빛의 상실이다. 그것은 1896년에 쓴 〈신조〉에 잘 드러나 있다.

> 길을 찾을 수 없다. 수의를 입은
> 하늘 어디서고 별을 찾을 수 없다.
> 밤의 검고 소름끼치는 혼돈을 맞아들이는 자에게는,
> 두려운 마음일 때 맞아들이는 자에게는
> 한 줄기 빛, 단 하나의 외침도 없다.[3]

이 개념은 〈하늘을 등지고 선 사나이〉에서 더 자세히 다루어지고 있는데, 이 시에서는 빛의 상실이 분명히 확실성과 방향 감각 상실의 이미지이다. 로버트 프로스트가 말했듯이 로빈슨 자신은 '새롭게 되는 낡은 방식에 계속 만족하는' 시인이었는데, 이 말은 로빈슨이 과격한 형태의 실험을 피했으며, 오히려 수백 년 동안 사용되어 오던 형식으로 새로운 문제를 다루기를 선호했다는 뜻이다. 그러나 로빈슨의 사변적인, 거의 워즈워스식의 기질은 낡은 형태를 다루는 데에서조차 어려움을 겪었다. 그리고 색채와 시각적 특징을 결여한 그의 시는, 장면·행동·그림보다는 끝없는 대사와 대화를 제시하며 무척 다변적이고 추상적이다. 그의 시는 비록 부자연스러운 운문의 형태를 띠기는 했지만 산문의 논리에 지배되는 담론적 이성의 시이다. 그래서 빛의 스러짐과 같은 그의 주제와 항상 뭔가 부족한 듯이 느껴지는 고의적 평범함이 만연한 기법은, 현대 시가 가장 밑바닥에 이르렀음을 보여 주는 징표처럼 여겨진다. 내가 보기에 문제는 근본적으로 형식에 관한 것이다. 그리고 사라지는 빛을 로빈슨이 집요하게 다루는 것은 무엇이 잘못되었는가에 대한 놀라운 진단이다. 왜냐하면 세기가 바뀌는 시점에서 기술적 황폐함을 보여 주는 이미지가 어둠이라면, 대략 1912년에서 1925년까지의 시는 빛을 상쾌하게 들고 나옴으로써 새로운 시의 도래를 알렸기 때문이다. 파운드·이미지스트(Imagist)·에이미지스트(Amygist)·엘리엇·윌리엄스·스티븐스 등의 시는 새로운 형식을 사용하고 새로운 목소리를 찾았으며, 고도로 시각적인 이미지를 고집했다. 그리고 그 모든 것 가운데 로빈슨의 암흑의 이미지에 대항할 수 있는 빛의 이미지가 슬그머니 기어 들어왔다.

같은 시기에 영화가 제자리를 찾았으며, 영화 또한 새로운 형식을 실험하고 고도의 가시성을 고집했다. 영화 예술이 빛으로 그림을 그리는 것이기 때문에 영화 또한 나름대로 낙관주의로 충만해 있었으며, 빛의 현상과 이미지에 매혹되어 있었다. 1920년쯤에는 새로운 시가 로빈슨이나 로빈슨의 시적 표현을 대표했던 모든 것보다 영화와 더 많은 점을 공유하였다. 새로운 시와 영화는 모두 재료에 접근하는 새롭고 흥미로운 방법을 발견했고, 〈하늘을 등지고 선 사나이〉와 같은 시를 괴롭혔던 의미의 문제를 비켜 갈 수 있는 방법을 바로 그때 찾은 듯하다. 왜냐하면 이제 새로운 시나 영화는 사물의 의미를 설명하는 데 신경을 쓰지 않는 것처럼 보이기 때문이다. 휘트먼의 경우처럼 단지 이미지를 제시하고 인생을 찬양하는 것으로 충분했다. 월리스 스티븐스는 다음과 같은 시에서 전통적인 의미의 문제, 그 해결책, 그리고 그 문제를 회피하는 법을 극화했다.

> 스무 명의 남자가 다리를 건너,
> 마을로 들어간다,
> 스무 명의 남자가 스무 개의 다리를 건너
> 스무 개의 마을로 들어가는 것인가,
> 아니면 한 사람이
> 한 개의 다리를 건너 한 마을에 들어가는 것인가,
> 이것은 오래 된 노래
> 스스로를 설명하지 않는……

스무 명의 남자가 다리를 건너는 것이 무슨 의미인지를 묻는다면, 모든 사람이 다리를 각자 다른 방식으로 건너고 있기 때문에 각자에게는 그 경험이 다르고, 따라서 일반화될 수 없는 것이라고 답변할 수 있을 것이다. 아니면 모든 사람이 근본적으로는 같고, 따라서 다리를 건너는 경험은 누구에게나 같다고 말할 수도 있을 것이다. 그러나 이러한 심리적 설명은 그 어느것도 우리가 알 만한 가치가 있는 것을 말해 주지 않는다. 그것은 추상적인 논리일 뿐이다. 시는 계속된다.

> 스무 명의 남자가 한 개의 다리를 건너
> 한 마을에 들어가는
> 것은
> 스무 명의 남자가 한 개의 다리를 건너
> 마을에 들어가는 것이다.
> 그것으로 스스로를 설명되지는 않겠지만
> 여전히 의미처럼 확실하다…….

 우리는 사물이 스스로를 의미한다고 설명할 수 있다. 스무 명의 남자가 다리를 건너는 것은, 스무 명의 남자가 다리를 건너는 것 그 이상도 그 이하도 아니다. 그렇다면 그 자체로 충분한 것이지만, 그래도 여전히 그 사실에 대해 이렇게 법석을 떠는 데 대한 설명이 되지 못할 뿐 아니라 아무것도 남는 게 없다. 사물이 있는 그대로라면, 거트루드 스타인이 말했듯이 그 주위를 빙빙 도는 것말고는 할 일이 없는 것이다. 마침내 스티븐스의 시는 문제를 빠져 나갈 해결책을 발견하고 제시한다.

> 남자들의 구두 소리가

다리의 판자 위로 쿵쾅거린다.
과일나무 사이사이로
마을의 첫번째 흰 벽이 솟아오른다.
나는 무엇을 생각하고 있었던 걸까?
의미가 나를 피해 도망친다.

마을의 첫번째 흰 벽……
과일나무…….[4]

 스티븐스는 추상적인 일반화된 진술 밑을 파고들어 장면 속으로 들어간다. 구체적인 소리와 구체적인 풍경이 이미지를, 기억된 세부로 구성된 기억된 장면을 마음속에 창조한다. 중요한 것은 경험, 장면의 실제성이다. 그리고 그 장면이 시각적·청각적으로 다가오면서 그 자체로 충분하게 되며, 따라서 의미가 사라지는 것은 아무 문제가 되지 않는다. 아니 오히려 좋은 일인지도 모른다. 물론 이 시가 아무런 의미나 중요성이 없다는 뜻은 아니다. 이 시는 의미와 중요성을 모두 가지고 있다. 시의 결말부는 인상파 화가들의 그림과 같은 이미지를 마음속에 환기시킨다. 그리고 그러한 사람들이 보고 우리에게 전달해 준——키츠가 말한 '사실과 이유를 캐내는 짜증스러움'이 없이——세계는 놀랍고 찬란한 곳이며, 단지 살아 있고 의식할 수 있다는 것만으로 충분하도록 해주는 풍부하고 충일한 세계이다.
 지금까지 탐색하고 제시했듯이 세상의 모습과 소리에 대한 강하고 확대된 관심, 그리고 그에 따라 설명하고 추론하는 데 대한 관심의 감소는 완전한 세계, 즉 처음으로 눈을 크게 뜨고 보고 나누게 되었다는 점에서 전혀 새로운 세계를 현대 시와 영화에 제공하였다. 그리고 영화와 시는 이러한 영역, 즉 시각과 청각으로 이루어진 영역에 대한 우리의 이해를 높여 주었다. 그 세계에서는 의미가 단순한 진술보다는 모든 종류의 사물에서 나온다. 의미는 맥락·병치·아이러니·이미지·뉘앙스·암시에서 나온다. 영화와 현대 시는 관객과 독자에게 사물의 의미를 설명하는 것이 중요한 것이 아니라, 스스로 의미를 찾고 느끼고 깨닫도록 해주는 것이 중요한 것이라는 데 인식을 같이한다. 그래서 영화와 시가 나아가는 영역은 고정된 가치관의 영역, 산문적 논리나 담론적 지성의 영역이 아니다.

실험적 혹은 혁신적 현대 시의 기법이 영화, 특히 무성 영화의 기법과 얼마나 유사한지는 엘리엇이 서문을 달고 해석을 한 생종 페르스의 《원정(遠征)》을 보면 알 수 있다. 엘리엇은 이 시를 "일련의 이주의 이미지, 광활한 아시아 황무지를 정복하는 이미지, 도시와 문명의 파괴와 기초에 대한 이미지"라고 묘사한다. 엘리엇은 시의 '이미지의 논리'에 대해 말하며, "처음 읽을 때 시가 모호한 것은 일관성이 없거나 암호를 즐겨 쓰기 때문이 아니라, 사물을 설명하고 연결짓는 '체인의 고리'가 억압되어 있기 때문이다. 이미지들이 차례로 서로 마주쳐서, 결국 하나의 야만적 문명의 강력한 인상으로 응축된다는 데서 그러한 생략 기법의 정당화를 찾을 수 있다. 독자는 매번 그 의미를 묻지 말고, 이미지들이 자신의 기억을 차례로 지나가도록 해야 한다. 그래서 마지막에 전체적인 효과가 생산될 수 있도록"이라고 설명한다. 엘리엇이 분명히 지적하듯이 《원정》은 운율이나 운, 혹은 다른 언어적 규칙성의 형식에 기초하고 있지 않다. 그 시의 질서는 영화처럼 '상상력의 논리,' 휘트먼적 시행에 세심하게 배열된 일련의 이미지들의 논리이다. 엘리엇이 번역한 시는 이렇게 시작된다.

　나는 자신을 구축했다. 명예와 위엄으로 세 개의 위대한 계절 위에 나 자신을 구축했다. 그리고 전망이 좋아 보인다. 내가 내 법을 세운 토양은.
　아침에 빛나는 무기는 아름답고 우리 뒤에 있는 바다는 맑다. 우리의 말을 통해 이 씨 없는 땅은 우리에게 때묻지 않은 하늘을 배달한다. 태양은 언급되지 않지만 그 위력은 우리에게 느껴진다. 그리고 아침 바다는 마음의 추정과도 같다.[5]

첫문장에서 화자·전제·목적을 제시한 다음, 시는 곧바로 무기·아침·바다·말·땅·하늘·태양의 이미지를 전달하는 일에 몰두한다. 이것은 좋은 영화에서 중요한 공간과 요인들을 서두에 펼쳐 놓는 것과 같다. 《원정》은 실제로 영화의 영향을 보여 주는지는 확실치 않지만, 20세기 영화에서 친근해진 기법과 접근 방법과의 놀라운 유사성은 이 시를, 그리고 많은 현대 시를 영화와 매우 가깝게 만들고 있다.

제재를 설명하거나 판단하기보다는 그것을 제시하고 노출하고 드러내 보이는 현대 시와 영화의 경향은, 영화와 시에서 다큐멘터리 스타일의 중요성이 꾸준히 증대된다는 사실에서도 볼 수 있다. 20년대 러시아 감독들은 인위적인 모습을 지우기 위해 배우보다는 시민들을 이용했다. 전쟁 영화는 전쟁 장면에서 뉴스 필름을 사용한다. 《시민 케인》은 공공연한 다큐멘터리 기법을 보이고 있으며, 이탈리아 네오리얼리즘과 시네마 베리테(cinéma vérité)라고 알려진 운동은 기록을 통한 진정성과 단순성의 강조가 아직 끝나지 않았음을 보여 준다. 다큐멘터리 영화는 현실을 편집하려고 시도한다. 그것은 교묘한 속임수 쇼트를 피하고, 차분한 카메라워크에 집중하여 제재의 진정성에 그 효과를 의지하며, 편집자의 기술보다는 카메라맨의 인식에 더 의존한다. 윌리엄 칼로스 윌리엄스의 《패터슨》, 에즈라 파운드의 《칸토스》, 매클리시의 《정복자》, 베리먼의 《브래드스트리트 부인에게 경의를》, 그리고 로버트 로웰의 〈낸터킷의 퀘이커 묘지〉나 엘리엇의 《황무지》도 이러한 기법을 사용하고 있다. 이 모든 시는 텍스트에 삽입되어 텍스트의 상당 부분을 차지하는 문서들에 과도하게 의존한다. 각 시는 역사적 기록, 일기, 다른 시의 일부를 포함시킴으로써 더 큰 진정성을 노리고 있지만, 다큐멘터리 재료만큼 중요한 것은 그러한 재료가 시에 어떻게 배열되어 있는가이다. 영화에서는 다큐멘터리 기법이 대개 제재의 사실적·현실적·구체적 특징을 강조하기 위해 사용된다. 문학에서도 다큐멘터리 기법이 이러한 목적을 수행하지만 다른 효과, 즉 과거와 현재를 연결하는 고리를 제공하는 효과가 더 눈에 띈다. 그러나 영화 다큐멘터리의 외양적 사실주의와 다큐멘터리 시의 외양적 역사주의에도 불구하고, 소위 다큐멘터리식 접근이라는 것이 일부러 사실적이나 역사적이 될 필요는 없다. 왜냐하면 영화에서는 영화제작자의 시점을 나타내기 위해 재료가 엄격하게 선택되고, 시에서는 과거가 매우 신중한 선택에 의해 제시되고 기록되기 때문이다. 그러나 현대적인 예술 작품은 근본적인 원리가 사실적이거나 역사적이 아닐지라도 겉으로 보기에 사실주나 역사주의의 외양을 띠게 된다. 다른 점에서도 그렇지만 다큐멘터리에 있어서 현대 시와 영화는 주어진 작품의 디자인에 통일성을 부여하는 데 가장 신경을 쓰고 있는 것 같다.

윌리엄 칼로스 윌리엄스의 〈고전적 장면〉은 디자인에 관해 비교적 명백하게 관심을 쏟는 예라고 할 수 있다.

> 90피트 높이의
> 빨간 벽돌 의자
> 모양의
> 발전소
>
> 그 좌석에는
> 두 개의 철제
> 굴뚝——알루미늄——이라는
> 인물이 앉아 있다.[6]

로버트 프로스트는 디자인을 의식적으로 사용한 많은 시를 썼는데, 그 중 잘 알려지지 않은 소네트 한 편은 다음과 같다.

> 그녀는 들판에 쳐진 비단 천막과 같다.
> 한낮에 따스한 여름 훈풍이
> 이슬을 말리고 로프가 느슨해질 때
> 밧줄은 나른하게 이리저리 흔들리고,
> 꼭대기를 하늘로 뻗어
> 영혼의 확신을 나타내는
> 가운데를 받치는 삼나무 장대는

어떤 밧줄에도 몸을 의지하지 않고
아무에게도 굳게 잡히지 않은 채 비단 같은
사랑과 생각의 끈으로 세상을 둘러싼
모든 것에 느슨하게 묶여 있다.
변덕스러운 여름 훈풍에
가볍게 당겨질 때만
가벼운 속박이 느껴진다.[7]

디자인에 대해 깊은 관심을 가졌던 예이츠는, 마침내 완벽한 균형과 정교한 세부를 갖춘 화려한 《비전》을 쓰게 되었다. 그 시는 거의 우주론이라 할 수 있는 엄청난 디자인으로 이루어져 있으며, 예이츠는 그것이 자신에게 은유의 영감을 준다고 말했다. 월리스 스티븐스도 디자인에 대한 관심을 〈항아리의 이야기〉와 같은 시에서 이렇게 표현하였다.

나는 테네시에 항아리를 놓았다.
그것은 언덕 위에 둥근 모양으로 있었다.
항아리는 게으른 황무지가
그 언덕을 둘러싸게 만들었다…….[8]

내러티브나 직선적 구성이 아니면서도 일종의 구성 원리가 될 수 있는 이러한 디자인, 혹은 패턴 감각은 영화에서도 명백히 볼 수 있다. 《편협》에 나오는 네 개의 이야기와 쐐기돌 이미지는 성공적이지는 않지만 디자인으로 제재를 지배케 하려는 시도이다. 에이젠슈테인의 《파업》과 《포템킨》은 강한 디자인 감각을 보여 준다. 에이젠슈테인은 《포템킨》에 대한 구상이 어느 날 오데사 계단을 보고 있을 때 떠올랐다고 말한 적이 있으며, 그 영화는 그 계단을 중심으로 구성되었다. 그의 《뇌제 이반》은 더 크고 압도적인 디자인 감각을 보여 준다. 《시민 케인》도 세밀한 디자인 덕택에 효과를 보았다. 그 영화가 남자들에 대한 영화라면 영화의 디자인은 건물을 중심으로 구성되었다. 이러한 예는 무한히 열거될 수 있다. 디즈니·맥라렌·히치콕·콕토·레네의 작품들은 모두 현대 시에서처럼 강한 디자인에 대한 강조를 특징으로 하고 있다.

이러한 디자인 감각과 밀접하게 연결되면서 신비평이라고 불릴 수 있는 비평적 운동에 의해 강하게 강화된, 그리고 시와 영화에서 쉽게 목격되는 개념은 예술 작품이 그 자체로 자족적이며, 또 그렇게 되어야 한다는 생각이다. 그 주장에 의하면 시나 영화는 자체의 콘텍스트를 제공하고, 자신만의 세계를 감싸며, 그 자체가 하나의 참조 체계라는 것이다. 자체의 배열, 긴장과 구조, 그리고 텍스트만으로 작품을 완벽하게 구성하며, 텍스트 너머의 역사·전기 혹은 현실 세계를 참조할 필요가 없다는 말이다. 그래서 매클리시의 유명한 말을 인용하자면 "시는 의미가 아니라 존재가 되어야 한다."[9] 쉬운 예로 리처드 윌버의 〈스파냐의 광장〉을 들 수 있다.

> 잊을 수가 없다.
> 그녀가 놀란 표정으로 긴 대리석 계단의 꼭대기에
> 서 있다가 졸린 듯한 발끝 회전으로
> 분수로 고요해진 광장에 천천히 춤추면서 내려오던 장면을.

그녀의 얼굴에는
몰개성적인 고독감뿐——그렇다면 소녀가 아니라
그 장소에 대한 하나의 몽환,
요청된 미끄러짐과 회전.

    마치 나뭇잎, 꽃잎, 혹은 얇은 조각이
분수의 물이 흘러내리는 곳으로 떠내려가, 그 위에서 잠시 돌다가
주둥이를 타고 넘는 것같다——완벽한 아름다움, 완벽한 무지.[10]

 이 시는 어느 순간을 포착하고 있다. 소녀가 누구인지, 화자와 어떤 관계인지, 언제 어디서 일어난 일인지, 전에 무슨 일이 있었는지, 후에 무슨 일이 일어날 것인지는 중요하지 않다. 제목은 시와 세계를 연결하는 일종의 끈이지만 그것마저도 충분치 않다. 어떤 계단이라도 상관없다. 소녀는 로마에서 얻을 것이 없다. 이 시의 매력은 시행 자체만으로 순간적인 몰입을 완벽하게 창조하고 담는 데 있다. 시는 소녀의 움직임처럼 가볍다. 시는 낭랑하거나 사색적이지 않은데, 그렇게 하는 것이 순간의 분위기와 상치되기 때문이다. 시의 절제는 완벽하고, 시 자체는 묘사된 순간만큼이나 우아하고 기분을 즐겁게 한다. 시어·리듬 등의 복잡한 문제를 계속 다룰 수도 있지만 이 정도로도 충분히 의미는 드러난다. 이 시는 그 자체로 충분하도록 계획되었고, 실제로 그렇다. 영화는 시만큼 자족적인 작품의 이상으로 나아가지 못했지만 《판타지아》의 여러 부분, 베리만의 《마술사》, 레네의 《지난해 마리앵바드에서》, 그리고 콕토의 《시인의 피》는 같은 전통에 속한다고 할 수 있다.

이처럼 자족적이 되기 위해서는 그 작품을 서로 연결할 강한 디자인이 필요하다. 그 결과 영화에서든 시에서든 주어진 작품을 누군가에게 무언가를 전달하려고 의도된 작품으로 간주하기보다는 하나의 예술품, 언어적 혹은 회화적 구축물로 보는 경향이 생기는 것이다. 프랭크 커모드가 특유의 상식과 유려한 단순성으로 지적한 것처럼 "선택할 수 있는 대안들을 여유 있게 제시하지 않으면 정보는 전달될 수 없다."[11] 그래서 마이클 드레이턴이 소네트를 시작하면서——

> 다른 도리가 없으니 키스하고 헤어지자,
> 그래, 이제 끝났다. 너는 더 이상 나를 가질 수 없다,
> 그리고 나는 기쁘다, 그래 진심으로 기쁘다,
> 이처럼 깨끗하게 나를 자신으로부터 해방시킬 수 있으니.[12]

——라고 말할 때 독자는 즉시 어떤 일이 진행되는지 알게 된다. 그것은 드레이턴이 말하는 바를 알고 있기 때문만이 아니라 그가 말하지 않는 바, 그 상황에 대해 말해질 수 있는 바를 알기 때문이다. 대안을 이해하기 때문에 모든 것이 명료하다. 그러나 다음과 같은 시를 마찬가지 방법으로 독자가 이해할 수 있을까?

> 많은 것이
> 달려 있다.
>
> 흰 병아리
> 옆에서

빗물에

반짝이는

빨간

일륜 수레에.[13]

  물론 이 시도 우리가 우리를 둘러싼 세계를 바라보고, 빛깔·대조·소박한 사물을 이해하고, 계획과 우연의 차이를 인식하는 우리의 능력과 의지에 많은 것을 의존하고 있기 때문에 적절한 예라고 할 수 있다. 그러나 그 어느것도 단숨에 혹은 확실히 전달되지는 않고, 아무런 대안을 볼 수도 상상할 수도 없다. 어디에서 시작해야 할지 우리는 모른다. 여기에 그토록 많은 것이 달려 있다면, 거기에 아무것도 달려 있지 않은 것의 예는 무엇인가?

  메시지를 전달하는 예술(그리고 내러티브 예술)로서의 시의 약점은, 고양된 아름다움과 시에 대한 예술품으로서의 관심으로 어느 정도 상쇄된다. 그러나 그러한 자족함의 이상은 개인적인 작업을 통해 성취될 수 있는 질서와 디자인에 상당히 의존하고 있음이 사실이다. 그리고 현대 영화와 시에서 커다란 주제 가운데 하나가 질서와 디자인의 붕괴라는 주제였다는 사실 또한 아이러니컬하다.

ованого
황무지: 질서의 붕괴

질서의 상실이라는 개념은 너무나 익숙한 주제여서, 정확히 현대적 사유 체계의 일부는 아니라 하더라도 적어도 꾸준히 인식되는 전통적인 가정이 되었다. 상속된 가치관의 상실, 사회 질서의 혼돈적 유동성, 한때 굳건했던 신학·과학·지적 방법론의 약화, 목적의 실종, 그리고 정체성의 불확실성은 만연한 무질서의 징후이며 동시에 원인이다. 그리고 현대 시에서는 디자인을 너무나 중요시했던 시인들이, 바로 그 디자인 이상의 높은 차원의 질서가 사라진 것을 가장 뼈저리게 느낀 시인들이었다. 이것을 표현한 유명한 예는 예이츠의 〈재림〉이다.

> 점점 더 넓어지는 원을 그리며 빙빙 도는
> 매는 주인의 목소리를 못 듣는다.
> 모든 것이 와해된다. 중심은 지탱을 못한다.
> 순전히 무질서만이 세상에 가득하다.
> 핏빛 테두리를 한 조수가 터져 나와 도처에
> 순진함의 의식은 침몰된다.
> 선한 사람은 확신을 잃고 악인은
> 열정에 가득 차 있다.[1]

〈재림〉은 평범한 가시적 질서의 실패에 대해 세심하게 디자인된 시이다. 그러나 이 시는 "마침내 시간이 도래한 어떤 짐승이 태어나기 위해/베들레헴을 향하여 웅크리고 있는가?"라는 질문으로 끝맺고 있다. 단순한 질서는 사실상 사라지고 더 크고 엄청나게 무서운 종류의 질서, 그리스의 필연성과 같은 개념의 질서가 그것을 대치하였다. 로버트 프로스트 또한 섬뜩한 시를 쓰면서, 그 특유의 아이러니로 그러한 질서가 존재한다면 치명적인 것이 되지 않을까 반문하고 있다.

> 만병초 위에서 나방을 잡고 있는
> 살지고 흰 거미를 발견했다.
> 희고 딱딱한 새틴 헝겊 조각처럼——
> 죽음과 질병의 성질이 골고루
> 섞여 아침을 바로 시작할 준비가 되었다.
> 마녀의 죽에 들어가는 재료들처럼——
> 눈가루 같은 거미, 거품 같은 꽃
> 종이 연처럼 날아가는 죽은 날개.
>
> 꽃이 흰 것과 무슨 관련이 있으며
> 길가에 핀 푸르고 청순한 만병초와는?
> 그 동종 거미를 그 높은 곳에 올려다 놓고
> 흰 나방을 밤에 그곳으로 몰고 간 것은 무엇일까?
> 그렇게 작은 것에도 계획이 지배한다면
> 어둠의 계획은 얼마나 무서울까?[2)]

시는 프로스트가 말한 대로 '혼돈에 대한 잠시 동안의 저지'이다. 그래서 혼돈을 기록하는 현대적 진술 가운데 가장 불길한 것은, 〈이스트 코우커〉에서 언어 자체가 붕괴하고 있다고 한 엘리엇의 경고일 것이다.

> ……그래서 하나하나의 모험은
> 새로운 하나의 시작이고 발설할 수 없는 것에 대한 공격.
> 그것은 항상 쇠락하는 보잘것 없는 장비와
> 부정확한 감정의 혼돈 속에서
> 훈련받지 않은 정서의 부대로 감행된다.[3)]

영화에서도 질서의 상실에 대한 꾸준한 관심을 찾아볼 수 있다. 《칼리가리 박사의 밀실》과 《안달루시아의 개》·《황금시대》에서 《달콤한 인생》·《정사》·《몬도 카네》에 이르기까지 영화는 엔트로피가 지배하고, 질서가 붕괴되며, 그로테스크한 것이 정상적이 되는 세계에 대해 꾸준히 증언해 왔다. 질서의 와해는 더 심해져서 예술 작품 자체의 패턴과 디자인까지 붕괴시켜 왔다고 말할 수 있다. 에즈라 파운드의 위대한 저작 《칸토스》는 충분히 거대한 구성 원리의 부재로 인해 실패하고 말았다. 인생처럼 길게 계속되었지만 패턴을 찾거나 실현시킬 수 없었던 윌리엄 칼로스 윌리엄스의 《패터슨》에 대해서도 같은 이야기를 할 수 있을 것이다. 그래서 갭을 메우고 질서를 찾으려는 의도적인 시도였던 하트 크레인의 《다리》는 시로서의 질서를 갖추는 데 실패했다. 예이츠의 후기 시 〈서커스 동물의 탈주〉는 예이츠가 시도한 여러 가지 가면과 디자인의 연속적인 실패를 기록하고 있으며, 엘리엇의 《황무지〉와 로버트 로웰의 〈낸터킷의 퀘이커 묘지〉는 일정한 질서나 패턴·디자인에 의지하지 않고 의미 있는 시를 써보려는 시도의 승리라고까지 주장할 수 있을 것이다. 그래서 영화에서는 《편협》과 《탐욕》에서부터 《뇌제 이반》·《8½》·《태양은 외로워》·《400번의 구타》에 이르기까지, 분명히 훌륭한 작품이면서도 일부러 가시적이고 명백한 질서나 패턴을 피한 것처럼 보이는 영화들을 수없이 찾아볼 수 있다.

이러한 질서 상실감은 너무나 강하고 예술에 대한 파급 효과 또한 커서, 우리 시대의 가장 빈번한 이미지가 황무지의 이미지가 되었다. 《위대한 개츠비》의 잿더미에서부터 《붉은 사막》에 나오는 라벤나의 황야에 이르기까지 현대의 서사 예술은 우리가 살고 있는 시대가 메마른 시기, 척박한 불모의 장소이며, 우리가 공허하고 허탈한 삶을 살고 있다는 것을 강조해 왔다. 이러한 주제와 이미지를 가장 정직하고 철저하게 다루어 온 예술가는 엘리엇과 페데리코 펠리니이다. 다른 시대, 다른 나라에서, 다른 매체를 통해 작업을 했지만 두 사람은 놀라울 정도로 공통점이 많다. 사실 그들의 몇몇 작품은 주제·접근 방법, 심지어 기법에 있어서까지 너무도 유사하여 각자의 작품이 어느 정도 서로에 대한 조명이 될 수 있을 정도이다. 단순히 말하자면, 펠리니의 영화는 전적으로 시적 기법이라고 생각되어 온 것에 상당히 의존하고 있는 반면, 엘리엇의 시는 몇몇 영화 기법을 자주 사용하고 있다. 생종 페르스의 《원정》을 엘리엇이 언어적 몽타주로 묘사하는 것을 우리는 이미 다루었다. 이것이 엘리엇 자신의 시, 특히 《황무지》에 적용될 수 있음은 그다지 통찰력이 없어도 알 수 있다. 반면 펠리니는 "지금(1965년)의 영화는 산문 서사의 경지를 지나 점점 더 시를 향해 가까이 가고 있다. 나는 어떤 속박——서두·발전·결말로 이루어진 이야기——에서 내 작품을 해방시키려고 노력하고 있다. 영화는 운율과 억양을 가진 시처럼 되어야 한다"고 말한 것으로 전해진다.[4] 그래서 엘리엇의 시적 작업은 영화 스타일로 기울고, 펠리니의 작업은 시적 스타일로 기운다. 그러므로 두 사람의 작품에서 수많은 암시적인 유사점을 발견하는 것도 무리가 아니다.

가령 《황무지》와 《달콤한 인생》은 두 작품 모두 수많은 관객의 상상력을 사로잡는 데 이례적인 성공을 거두었으며, 각자는 한 세대의 관점을 거의 축약해서 표현하였다고 할 수 있다. 비평가들은 두 작품의 구조가 형편없고 혼란스럽고 어렵고, 심지어 지나치게 개인적이거나 괴팍하다고 계속해서 불평하지만, 이러한 반대에도 불구하고 각 작품에는 인기 있고 사람에게 다가서게 만드는 특질이 있는 것이다. 각 작품은 널리 인용 또한 모방되어 왔고, 작품의 제목은 일상 대화에까지 스며들었다. 우리가 《황무지》를 영화 같은 시퀀스의 이미지로 쓰인 시로 이해하고, 《달콤한 인생》을 현대 시의 정교함·구조·조직으로 계획된 영화적 시로 본다면, 두 작품은 덜 어렵고 덜 괴팍하게 보일 것이다. 각 작품은 에피소드적 구성을 하고 있다. 《황무지》는 〈죽은 자의 매장〉·〈체스 게임〉·〈불의 설교〉·〈익사〉·〈우레가 말한 것〉이라는 다섯 개의 따로 떨어지고, 개별적으로 제목이 붙여진 단락으로 되어 있다. 《달콤한 인생》 또한 서로 분명히 관련이 없는 긴 장면, 거의 분리된 시퀀스로 구성되어 있다. 마달레나와의 만남, 기적의 들판, 스타이너 에피소드, 실비아에 초점을 맞춘 시퀀스, 마르첼로의 아버지와 파니의 장면, 무기력한 귀족의 집과 현대의 해변 빌라에서 열리는 대조를 이루는 마지막 파티가 그것이다. 각 작품에는 엄격한 내러티브의 연속성이 없다. 사실 둘 다 엄격한 의미에서의 내러티브가 아니다. 각 작품은 누적된 방식으로만 인상을 구축해 가는 계속적인 장면과 이미지의 연속이다. 그리고 그 인상은 마지막까지 완벽하지도, 또 완전히 이해 가능하지도 않다.

 이 두 작품은 현대적 삶의 공허함에 대한 인식이며, 전도서의 20세기 버전이다. 각 작품의 주인공은 그에 걸맞게 모호한 인물이다. 엘리엇은 자신이 시에 붙인 주에서 《황무지》에 나오는 티레시아스를 "단지 관객일 뿐 실제 '등장 인물'은 아니지만…… 시에서 가장 중요하며, 모든 나머지 사람들을 연결하는 인물이다…… 사실 티레시아스가 보는 것이 이 시의 진수이다"라고 말한다.[5] 《달콤한 인생》에서의 주인공도 거의 같은 역할을 수행한다. 그도 등장 인물의 역할을 하기는 하지만 등장 인물이라기보다는 관객이다. 그리고 그도 다른 인물들을 연결하는 인물이다. 다른 사람들이 수행하는 모든 일은 어쨌거나 마르첼로의 개인적 삶의 일부이다. (《황무지》의 티레시아스라는 인물은 펠리니의 후기작 《정령들의 줄리에타》에서 중요한 역할을 하는, 절반은 남자 절반은 여자인 기괴한 예언자 비스마와 여러 가지 면에서 비교될 수 있다.) 《황무지》의 티레시아스와 《달콤한 인생》의 마르첼로는 주로 종교와 성과 관계된 기억, 만남, 여러 가지 사건들의 중심에 서 있으면서 그것을 주관한다. 엘리엇의 시는 엘리자베스와 레스터의 연애 사건에서 시작하여 셰익스피어의 《안토니와 클레오파트라》와 포프의 《머리카락의 겁탈》, 아파트에서의 야한 밀회, 앨버트의 아내와 그녀의 '친구' 사이에 벌어지는 성적인 술집 장면, 히아신스 소녀와 그녀의 순결과 젊음에 이르기까지를 다루고 있는데, 모두 양성적 인물 티레시아스에 의해 목격되고 연결된다. 영화에서 마르첼로 또한 다양한 성적인 만남 혹은 시도를 목격하거나 참여한다. 창녀의 아파트에서 벌어지는 마달레나와의 장면, 마르첼로와 엄마뻘 되는 역겨운 정부 엠마 사이에 벌어지는 여러 장면, 미국의 영화배우 실비아에 대한 그의 연모, 마르첼로의 아버지와 파니의 처량한 만남, 마지막 장면에서 마르첼로의 점점 결사적인 성적 강탈이 있다. 이 모든 것의 누적된 효과는 티레시아스에게처럼 마르첼로에게도 지치고 의미 없는 것들이며, 자신에 대한 티레시아스의 묘사는 마르첼로에 대한 그럴 듯한 묘사이기도 하다.

> 그는 허영심 때문에 반응이 없어도 개의치 않고
> 그녀의 무관심을 환영으로 생각한다.
> (나 티레시아스는 바로 이 장의자 혹은 침대에서
> 행해진 이 모든 것을 이미 겪었도다.
> 나는 테베 시의 성벽 밑에 앉기도 했고
> 죽은 자 중 가장 비천한 사람들 사이를 걷기도 했도다.)
> 마지막으로 생색내는 키스를 해주고
> 더듬으면서 길을 찾아간다. 불 꺼진 층계를 찾으며…….[6]

각 작품이 다양한 성적 만남을 나열하면서도, 그것을 만족스럽거나 성취감을 주는 것으로 묘사하지 않는 것처럼 두 작품 또한 다양한 종교적 장면과 관심을 탐색한다. 이 주제를 다룰 때 엘리엇은 펠리니와 다른 어조를 취하며, 펠리니처럼 종교의 전적인 공허와 빈곤을 주장하지도 않는다. 영화의 서두에 헬리콥터를 타고 승천하는 것으로부터 신부를 패러디한 복장을 입은 아니타 에크

버그가 성 베드로 성당의 꼭대기로 허둥거리며 올라가는 장면까지, 또 기적의 들판에 대한 긴 시퀀스에서 스타이너의 장중한 종교 오르간 음악이 자신의 추악한 자살과 자녀 살해의 전주곡이 되는 장면까지, 펠리니는 로마의 낡아빠진 종교성을 공격하고 있으며, 이것이 이 영화의 가장 서툴고 균형이 맞지 않는 측면이다. 한 가지 예외가 있다면, 기적을 교묘하게 이용하여 사람을 속여 먹는 타락상을 천둥으로 폭로시키는 장면이다. 이 장면에서는 신적인 정의는 아니라 할지라도 시적이고 자연적인 정의가 있다. 그러나 일반적으로 펠리니는 하나의 종교와 그 종교의 외적인 특징에만 집중한다. 그와 대조적으로 《황무지》는 아우구스티누스가 카르타고에 도착하는 것으로부터 불교의 주제까지, 〈익사〉에서의 금욕주의적 단념으로부터 《우파니샤드》에 나오는 엄숙하고 거의 희망적인 마지막 낭송에 이르기까지 다양하게 다루고 있다. 엘리엇은 이 시에서 점쟁이 천리안인 소소스트리스 부인에 관한 장면을 제외하면 신앙을 조롱하지 않는다. 심지어 이 장면도 경멸적으로 다루지는 않고 있다.

《황무지》와 《달콤한 인생》은 모두 현대의 이야기를 들려 준다. 아니 오히려 옛날의 더 풍부했던 배경에 비추어 현대의 조건을 밝혀 준다. 펠리니는 로마의 수도·분수·교회·궁전·신상·폐허를 끌어들이며, 이것이 《대리석 목신상》에 나오는 호손의 배경처럼 영화에 풍부하고 무게 있는 배경을 제공해 준다. 펠리니의 배경은 고대 문화, 르네상스, 오랜 세월을 거쳐 온 더 고상하고, 여유 있고, 문화적인 시대의 냄새를 풍긴다. 이 배경에 비추어 현대적 삶의 희박함이 더욱 극적으로 드러난다. 스타이너 에피소드가 바로 전형적인 예라고 할 수 있다. 스타이너가 음악을 연주하는 교회와 웅장한 바흐의 오르간 음악은, 나중에 스타이너가 자기 자식을 죽이는 거즈로 가득 찬 황량한 방과 대조된다. 내적 빈곤과 외적 찬란함은 영화를 통해 계속해서 대조가 된다. 실비아가 등장하는 장면에서는 카라칼라의 목욕탕·트레비 분수·성 베드로 성당과 아니타 에크버그의 공허한 쾌활함을 대조하며, 귀족적이고 쓰러져 가는 빌라에서 벌어지는 파티는 현대의 나약함을 르네상스의 영광과 대조시킨다. 《황무지》에서 엘리엇은 다른 방법으로 비슷한 효과를 냈다. 이 시는 모든 시대 모든 장르의 서양과 동양 문학에 대한 언급과 인용으로 가득 차 있다. 그리스 문학·전도서·오비디우스·아우구스티누스·단테·셰익스피어·마블·키드·웹스터·스펜서, 《트리스탄과 이졸데》, 보들레르·베를렌, 그리고 불경의 구절들이 시의 내용 속에 모두 짜여 들어갔다. 이 시의 현대적 순간과 경험은 오래 되고 더 친근한 재료를 끊임없이 넘나드는 엘리엇의 기교에 의해 깊이·의미, 그리고 영원성을 부여받았다. 펠리니의 영화와 엘리엇의 시에서 역사적·문학적 과거로부터 온 배경 재료는 현재의 의미를 확장하고, 현재를 과거와의 연관성 속에 위치시키며, 현재 순간이 결여하고, 못 미치고, 혹은 공개적으로 조롱하는 구성상의 풍부함과 완전함을 제공한다.

펠리니와 엘리엇은 또한 존 던이나 소위 형이상학파 시인들과 연관된 재치 있고 정교한 이미지 사용의 재능과 취향을 똑같이 소유하고 있다. 펠리니의 취향이 좀더 바로크 쪽으로 흐르고 엘리엇의 취향은 오히려 매너리스트라고 할 수 있지만, 〈J. 앨프레드 프루프록의 연가〉의 서두 이미지와 《달콤한 인생》의 서두 이미지는 상당한 유사성이 있다. 엘리엇의 시는 이렇게 시작된다.

자 이제 가자, 너와 나,
수술대 위에 마취당해 누워 있는 환자처럼
저녁이 하늘을 배경으로 뻗어 있는 이때에,
가자, 반쯤 인적이 끊긴 거리를 지나,
잠 못 이루는 밤에 하루 묵을 싸구려 호텔로
굴 껍질이 있고 톱밥 가루가 날리는 식당으로
중얼거리며 들어가는 길들을 지나,
거리는 압도적인 질문으로 너를 인도하려는
음흉한 의도를 가진
지루한 논쟁처럼 뒤를 따라온다…….[7)

환자라는 과감하고 주의를 끄는 이미지는 사람을 놀라게 하지만, 주인공을 감싸고 마는 질병·마비 혹은 환각을 시 전체에 용케 퍼뜨려 놓는다. 《달콤한 인생》의 서두도 영화 전체에 그림자를 드리우며 눈길을 끄는 이미지를 우리에게 제공한다.

로마의 전원 풍경을 거대한 파노라마로 비춘다. 한쪽에는 산 펠리스 수로의 폐허가 있는데 땅을 가로지르며 달려오는 치솟는 아치 모양이다. 2천 년 전에 이 아치들은 도시에 물을 공급했지만 지금은 수로 전체가 무너져 내린 공간이 많다. 바로 앞에는 축구 경기장이 있는데 골 포스트가 수로의 높이 때문에 아주 왜소해 보인다. 멀리서 모터 소리가 들린다. 하늘에 점 하나가 급속도로 커진다. 그것은 헬리콥터이고, 그 밑에 뭔가가 매달려 있다. 두번째 헬리콥터가 바싹 따라온다. 헬리콥터가 들판을 지나갈 때 밑에 매달린 물체가 분명히 보인다. 거대한 예수상이 케이블에 매달려 있다. 헬리콥터와 이 어울리지 않는 동상의 그림자가 수로 벽을 스치고 지나간다. 헬리콥터는 계속해서 날아간다.[8]

이 오프닝 쇼트는 엘리엇의 이미지만큼 재치 있고 과감하면서도 시의 서두처럼 복잡하다. 그리고 뒤에 벌어질 장면과의 연관성도 잘 설정되었다.

두 작가의 작품에서 우리는 서로 유사한 순진성의 이미지를 발견한다. 가령 《황무지》의 첫부분에 다정한 추억의 순간이 잠시 나온다.

"1년 전 처음으로 당신이 내게 히아신스를 주었지요.
사람들이 저를 히아신스 소녀라고 불렀어요."
—— 하지만 당신이 꽃을 한아름 안고 머리가 젖은 채 우리가 밤 늦게 히아신스 정원에서 돌아왔을 때 나는 말도 못하고 눈도 안 보여, 산 것도 아니고 죽은 것도 아니었다. 빛의 핵심인 정적을 들여다보며 아무것도 알 수 없었다.[9]

이 장면은 마르첼로가 텅 빈 해변 식당에서 테이블 시중을 드는 젊은 여자를 만나는 장면과 비슷하다. 그때 그는 평화의 순간을 경험하지만 이미 너무 늦었다는 생각 때문에 그 평화는 깨어진다. 그렇다고 하더라도 시와 영화에서 순진함은 세상이 잠시 잠깐만이라도 좋아 보이는 마술의 순간이다.

순진성에 반대되는 이미지로 두 작가는 모호하지만 강력한 흉측함의 이미지를 끌어낸다. 프러프록은 애처로운 생각에 빠진다. "나는 고요한 바다의 밑바닥을 기어가는/한 쌍의 들쭉날쭉한 발톱이어야만 했는데." 《달콤한 인생》의 마지막에 마르첼로는 어부들이 잡은 무서운 괴물을 만나게 된다. 해변에서 그는 "원생 동물의 끈적끈적한 몸뚱이에서/광채를 잃은 튀어나온 눈으로 응시하는" 추한, 형체가 없는 존재를 쳐다본다. 이 시행은 엘리엇의 〈베데커 여행 안내서를 가진 버뱅크: 시가를 문 블레이스틴〉에서 따온 것이지만, 바다에 누워 새벽에 지친 몸으로 파티를 끝내고 오는 사람들을 응시하는 기괴한 수중 괴물을 완벽하게 묘사한다.[10]

게다가 엘리엇과 펠리니는 고전과 요즈음 유행하는 것 사이의 혼란을 묘사하는 유사한 방법을 포착해 냈다. 클래식과 재즈의 차이를 엘리엇은 다음과 같이 아이러닉하게 묘사한다.

오오오오 저 셰익스피어식 래그 재즈──
너무나 우아해
너무나 지적이야……[11]

《달콤한 인생》에서는 스타이너가 커다란 교회 오르간 앞에 앉아 처음에는 재즈를, 그 다음에는 바흐를 연주하는 장면에서 거의 같은 기법이 사용되어 같은 메시지를 전한다.

노쇠하는 문제에 대해 두 사람이 같은 방식으로 관심을 가지고 있는 것을 또한 볼 수 있다. 프루프록과 귀도──《8½》의 주인공──혹은 줄리에타와 〈어느 여인의 초상〉의 주인공은 이 점에서 유사하다. 이 작품들은 또한 환상과 삶의 다른 부분이라고 불릴 수 있는 것 사이의 관계를 다룬다는 점에서 유사하다. 줄리에타의 세계와 프루프록의 세계, 그리고 《황무지》의, 전적으로 이미지에 사로잡힌 세계에는 같은 인물들이 사는 것처럼 보인다.

성자·야만인·광대·괴물·종교적이고 성적인 광인들과 유령들이 풍부한 바로크적인 짜임새에 의해 뒷받침되고 있다. 《정령들의 줄리에타》에서 수지의 빌라에서 벌어지는 질펀하고 번지르르한 육감적 장면과, 《황무지》의 두번째 단락의 서두 부분이 또한 연상된다.

> 그녀가 앉은 의자는 눈부신 왕좌처럼
> 대리석 위에 빛나고 거울은
> 열매 달린 넝쿨로 만든 받침대에 걸려 있다.
> 거기서 금빛 큐피드가 몰래 훔쳐보았다…….[12]

위에서 제시한 유사성들이 필요 이상으로 과장된 것이 아니라면, 엘리엇의 몇몇 시의 결말 부분은 펠리니 영화의 마지막 시퀀스들과 놀랍도록 비슷하다. 《길》과 〈텅 빈 인간들〉은 무서운 황량함을 공유한다. 〈J. 앨프레드 프러프록의 연가〉는, 프러프록이 마지막으로 감동적인 비전의 순간을 경험하면서 그의 실패가 명백하게 드러나는 장면으로 끝난다.

> 나는 인어들이 서로에게 노래 부르는 것을 들은 적이 있다.
>
> 나는 그들이 내게 노래를 불러 줄 것이라고는 생각지 않는다.
>
> 나는 그들이 파도를 타고 바다 쪽으로 가는 것을 보았다.
> 바람이 불어 물을 흰색과 검은색으로 만들 때
> 파도는 뒤로 흩날린 파도의 흰 머리를 빗겨 주었다.

우리는 바다의 방에서 머뭇거렸다.

붉고 갈색인 해초로 장식한 바다 소녀들 옆에서,

인간의 음성이 우리를 깨울 때까지, 그리고 우리는 익사한다.[13]

《달콤한 인생》의 마지막에 마르첼로는 이른 아침 해변으로 나가 무서운 외눈박이 괴물을 본다. 그때 파티의 천박함에 더럽혀지지 않은 깨끗하고 아름다운 소녀가 식당에서 나와 강 어귀 건너에서 그를 부르고 있음을 알게 된다. 그들은 서로의 소리를 듣지 못하지만, 곧 마르첼로는 몸을 돌려 자신이 살 수도 떠날 수도 없는 세계로 이끌려 간다. 프러프록처럼 마르첼로는 소녀와 언어가 대표하는 것을 붙잡을 수도, 또 그것에 붙잡힐 수도 없다. 두 사람 모두 바다에서 돌아서서 인생에 빠진다.

마찬가지로 어떤 면에서 《황무지》는 《8½》의 마지막과 비슷하다. 두 작품은 엘리엇이 '내가 나의 파멸을 대비해 잘라둔 조각들'을 기억하고, 그것을 어쩔 수 없이 사용하며 결말을 맺는다. 삶은 그대로의 상태로 용납되고, 또 진실로 찬양해야 하는 것이다. 그래서 귀도의 삶에 등장했던 모든 인물들이 빙 둘러서서, 피카소와 릴케가 너무나 사랑했던 《살팀방크》라는 노래를 서커스 단원의 작은 밴드가 연주하면 그 음악에 맞추어 엄숙하게 춤을 추고, 날이 저문다. 엘리엇의 시는 《우파니샤드》에서 주라, 동정하라, 통제하라는 명령으로 조용히 삶을 찬양하는 부분을 인용하여 장엄하게 낭송하면서 끝을 맺는다.

펠리니와 엘리엇의 작품은 우연한 일치에서부터 중요한 부분까지 다양한 면에서 유사하다. 그러나 주제·이미지·어조 혹은 기법상의 구체적인 유사성을 넘어서, 단순히 그들의 작품뿐만 아니라 20세기 시와 영화 전체에 상당한 중요성을 끼치는 포괄적인 유사성이 있다. 이 중요한 유사성을 나는 괴리의 미학이라고 묘사하고 싶다. 펠리니와 엘리엇은 모두 서사적 유연함이나 연속성을 강조하지 않는 현대적 서사 형태를 만들어 내려고 상당히 복잡하고 의도적인 시도를 해왔다. 그들은 각자 '연결고리'를 억눌러 왔고, 분석이나 이유·설명하기를 피하려고 노력했다. 그들은 또 피상적이고 우스꽝스럽고 척박한 것으로서의 현대적 삶의 이미지를 보여 주고 투사하는 데 관심이 있었으며, 말로 구체적인 설명을 하지 않았지만 괴리를 계속적으로 강조하는 방식으로 이미지들을 서로 병치시키는 기법을 사용한다. 그리고 서사나 논리적 기법 대신에 이미지들로 이루어진 간단한 시퀀스들을 차례로 주의 깊게 병치시키는 기법——내가 영화와 현대 시에 공통적으로 사용된다고 주장해 온 기법——은 사실 다양한 형태의 몽타주라고 할 수 있다. 몽타주는 그것이 그림으로 이루어지든 말로 이루어지든간에 괴리의 주제를 다루는 데 이상적으로 어울리는 기법이다. 이미지와 이미지가 서로 대조되고, 낡은 것과 새것이, 부드러운 것과 거친 것이, 아름다운 것과 더러운 것이 서로 대조된다. 엘리엇과 펠리니 두 사람 모두 이 기법을 쓰기 때문에 인생의 과거와 미래, 그리고 현재 상태가 서로 상이한 데서 오는 압도적인 괴리감을 자신의 작품에 표현할 수 있었다.

그리고 이것이 두 사람의 작품에 나타나는 중심 주제라고 한다면, 그들의 성공은 몽타주가 이 주제를 표현하는 뛰어난 형식을 제공했다는 사실에 어느 정도 힘입고 있다고 말할 수 있다. 병치를 통해 펠리니는 현대적 삶의 붕괴를 거대하고 질서 있는 로마의 정경과 대비시켜 극화할 수 있었고, 엘리엇은 현재의 추악한 장면을 과거 문학 작품으로 짜여진 숭고하고 아름다운 피륙에 대비시킴으로써 현대적 삶의 시시함을 보여 준다. 각자의 작품은 나름대로 부재하는, 아니 적어도 잃어버린 질서에 대한 한탄이라고 할 수 있다. 각자는 현대적 삶이 괴리와 한쪽으로의 쏠림을 특징으로 지니며, '부서진 이미지 무더기'로 이루어졌다고 본다. 그리고 황무지는 선한 삶과 끝없는 불공평·괴리 사이에 드리워진 그림자일지도 모른다. 펠리니가 《달콤한 인생》뿐만 아니라 《길》에서 보여 주었고, 엘리엇이 《황무지》뿐만 아니라 〈텅 빈 인간들〉에서 보여 주는 황무지 말이다.

> 생각과
> 현실 사이에
> 동작과
> 행동 사이에
> 그림자가 드리운다…….[14]

내가 엘리엇의 시와 펠리니의 영화의 주제라고 일컬었던 이러한 괴리·부조화·불균형의 감각이, 우리 시대의 무질서에 대한 괴로운 인식을 현대 예술이 표현한 가장 중요한 방법 중의 하나이다. 이러한 무질서함의 표현이 시적이고 영화적으로 형성된 몽타주라는 점은 의미심장한 일이다. 서구에서는 몽타주가 괴리감을 강조하기 위해 개발된 반면, 러시아 몽타주는 갈등을 강조했다.

따라서 엘리엇과 펠리니의 작품, 그리고 수많은 다른 시와 영화, 또 다른 장르와 미디어에서도 발견할 수 있는 종류의 몽타주는 현대 예술가가 자신의 제재를 보기 위해 개발해 낸 가장 전형적이고 인상적인 방법의 하나라고 간주해도 좋을 것이다. 괴리의 미학으로서의 몽타주는, 자신의 주체를 보는 방법뿐 아니라 자신의 작품을 구성하는 방법 또한 제공한다. 적절하게 이해할 경우 그것은 비평의 눈도 제공할 수 있다. 내가 지금까지 설명하려고 했던 종류의 몽타주는 결국 현대의 무질서를 파악하는 매우 질서 있는 방법이며, 따라서 일종의 비강제적인 질서를 위한 반갑고 강력한 힘이 될 수 있다.

사실 시간·변화·질서·등급·비율 등의 문제가, 영국 작가들에 의해 반복해서 다루어졌던 르네상스 시대 이후로 질서의 문제가 이토록 우리를 사로잡은 때는 없었다. 이 주제에 대한 위대한 저작들은 잘 알려져 있다. 엘리엇의 질서에 대한 호소, 셰익스피어의 《트로일로스와 크레시다》에서 등급에 대하여 말한 율리시스의 대사, 토머스 후커의 돈호법, 스펜서의 〈뮤터빌리티 칸토스〉, 셰익스피어의 《소네트집》, 던의 《기일》 등이 그것이다. 엘리자베스 시대의 변화의 개념에 대한 또 다른 글을 쓸 공간이 아니지만, 우리의 주제가 전혀 새로운 것이라는 느낌을 주지 않기 위해서는 적어도 언급은 해야겠다. 셰익스피어의 소네트 15번은, 언제나 존재해 왔지만 다른 시대보다 유달리 강한 갑작스러운 긴박함과 강도를 가지고 느끼게 되는 문제 의식을 표현하고 있다.

자라나는 만물은 일순간 동안만
완벽을 유지하고
별들이 비밀스러운 영향을 끼치는
이 거대한 무대는 외양밖에 보이지 않는다.

사람이 식물처럼 자라나고
같은 하늘에 의해 갈채받고 제지받으며
젊은 혈기를 자랑하다가, 한창 때 쇠퇴하여
그들의 용감한 상태가 기억 속에서 사라진 것들을 생각할 때,
이러한 무상의 생각이
내 눈앞에서 풍요한 젊음을 누리는 그대를 떠올린다.
거기서는 그대의 젊음의 날을 캄캄한 밤으로 바꾸려고
모든 것을 앗아가는 시간이 쇠퇴와 공모한다.
　그리고 나는 오직 너를 사랑하여 시간과 싸우며,
　시간이 너를 앗아갈 때, 내가 너를 새롭게 접붙인다.

　위대한 우주적 질서는 감춰져 있고, 별들은 비밀스럽고 모호한 언급을 한다. 지상에서는 질서가 탄생·성장·절정·쇠락·죽음이라는 계절적 질서 이상으로 확장되지는 않는다. 이러한 자연적 과정의 질서는 프로스트가 악의적 계획이라고 말한 것처럼 아름다움을 망가뜨린다. 수많은 독자들이 셰익스피어 소네트의 결말 부분이 약하다고 느껴 왔다. 가령 위에서 인용한 소네트도 강한 주장으로 끝난다. 시인은 시간이 빼앗아 가는 것을 자신이 채우겠다고 말한다. 물론 그가 그렇게 할 수 있는 것은 아니다. 그러나 그는 항변하고 싶은 필요를 느끼는 것이고, 이것이 그가 말할 수 있는 전부이다. 인간적이 된다는 것은 파멸과 죽음으로의 하락에 대항하는 것이다. 우나무노가 표현하였듯이 "우리를 기다리는 것이 무라면 그것을 부당하게 대하자."[15]
　이 문제에 대한 20세기의 의식은, 르네상스 사람들이 남긴 질서의 문제에 대한 표현만큼이나 위대한 작품들을 많이 창조하였

다. 가령 앨프레드 노스 화이트헤드의 《이성의 기능》에서도 그에 대한 생생한 진술을 찾을 수 있다. "역사는 사건의 과정에서 두 가지 주요 경향을 보여 준다. 하나는 육체적 성질의 점진적인 쇠퇴에서 잘 드러난다. 자신도 모르게 어쩔 수 없이 기력이 쇠하게 된다. 활력의 원천은 점점 밑으로 가라앉는다. 물질 자체가 소진하는 것이다. 또 다른 경향은 매년 봄에 만물이 소생하는 것, 생물학적 진화의 상승 과정에서 잘 나타난다. 이성은 역사에서 독창적인 요소를 자제하는 것이다. 이성의 작용이 없으면 이 요소는 혼돈에 빠진다."16)

너새네이얼 웨스트의 《미스 론리하츠》는 일상적으로 드러나는 엔트로피에 대해 놀라운 묘사를 하고 있다. "인간은 질서를 좋아하는 성질을 가지고 있다. 한쪽 호주머니에는 열쇠, 다른 한쪽에는 잔돈. 만돌린은 솔·레·라·미음으로 조율한다. 육체적 세계는 무질서, 엔트로피를 향하는 성질을 띤다. 이러한 육체적 본성에 대한 인간의 싸움……은 수 세기에 걸친 싸움이다. 열쇠는 잔돈과 섞이기를 원하고, 만돌린은 음이 자꾸만 틀린다. 모든 질서는 그 속에 파괴의 씨앗을 가지고 있다. 모든 질서는 무너지게 되어 있지만, 그러나 그 투쟁은 할 만한 가치가 있다."17) 이러한 인식이 바로 '깨어진 이미지의 무더기,' 예이츠가 "선한 사람은 확신을 잃고, 악한 사람은 열정으로 가득 차 있다"라고 불평한 그러한 세계를 만들어 낸다. 다다이즘과 《안달루시아의 개》와 같은 영화는 비슷한 인식을 반영한다. 그리고 사실 악의에 찬 무질서의 세력이 만연해 있는 것같이 보일 때도 있다. 에즈라 파운드의 《칸토스》나 하트 크레인의 《다리》와 같은 위대한 작품, 갭을 메우고 연결시키고 과거와 미래를 잇기 위해 고안된 작품이 내부에서 문제가 생겨 질서라는 주제를 제시할 만한 질서를 달성하기 못할 때, 질서의 기념비로 고안되었지만 무질서의 폐허로 끝날 때, 우리는 광기나 자살이 그 노력을 마무리지을 수도 있지 않을까 하는 생각을 하게 된다.

그러나 이것이 언제나 쉬운 문제는 아니었다. 스펜서는 〈뮤터빌리티 칸토스〉를 결코 완성하지 못했다. 그리고 우리도 당연히 가짜 질서와 억압적인 질서에 맞서 격렬히 싸운다. E. M. 포스터가 말한 것처럼 "일상 생활의 세계에서는, 우리가 어쩔 수 없이 사는 세계에서는 질서에 대한 이야기를 특히 정치가나 의원들이 많이 한다. 그러나 그들은 규정으로 창조를 혼돈시키듯이 질서로 질서를 혼란케 한다. 질서란 내부에서 자연적으로 생기는 것이지 외부에서 강요되는 것이 아니다. 그것은 내적인 안정, 생기 넘치는 조화이다. 그리고 사회·정치적인 면에서 그것은 역사학자의 편리를 위해서만 존재했다."[18] 그리고 예술에도 많은 가짜 질서가 있다. 탐정 소설의 완전히 이성적인 세계, 상투적인 할리우드 코미디에서 볼 수 있는 깔끔히 판에 박히게 짜여진 캐릭터와 플롯 등이 그것이다. 너새네이얼 웨스트의 주인공이 말쑥한 여자 친구를 향해 쏘아붙이듯이 "너의 질서는 아무 의미가 없어. 내 혼돈이 오히려 의미가 있어." 아마 의미 있는 혼돈이라는 표현은 예이츠의 〈재림〉과 같은 시, 달리의 녹아내린 시계와 풍경에 대한 회화, 레네-로브 그리예의 《지난해 마리앵바드에서》, 그리고 수많은 현대 예술적 표현에 대한 적절한 묘사가 될 것이다.

9

휴머니즘의 생존

1923년 벨라 발라즈는 "인쇄술의 발견은 인간의 얼굴을 읽지 못하도록 만들었다"고 기술하였다. 그는 계속해서 그 이후 널리 인용되고 모방된 용어로 사회에 끼친 영화의 효과를 묘사했다.

이제 영화는 우리 문화에서 새로운 방향을 출발시키려 하고 있다. 수백만의 사람들이 매일 저녁 영화관에 앉아 순전히 보는 것만을 통해 사건·사람·감정·분위기, 심지어 생각을 말의 도움 없이 경험한다. 왜냐하면 말이란 영화의 영적인 내용을 건드릴 수 없으며, 아직 발달되지 않은 이 예술 형태의 단지 스쳐가는 도구에 지나지 않기 때문이다. 인류는 제스처·움직임, 그리고 얼굴 표정의 풍부하고 화려한 언어를 이미 배우고 있다. 이것은 청각장애자의 수화처럼 말을 대신하는 것으로서의 기호의 언어가 아니다. 영혼이 육신을 입어 중개자의 도움 없이 시각적으로 의사 전달하는 수단이다. 사람이 다시 눈에 띄기 시작했다.[1]

그러나 발라즈는 영화의 거대하고 인상적인 시각적 자원과, 그것의 명백한 중요성을 깨달았음에도 불구하고 문학의 기능으로부터 눈을 돌리거나 언어를 소용 없고 낡은 것으로 무시해 버리는 어리석은 짓을 하지 않았다. 발라즈의 비평적 혜안에 힘을 부여하고 밑바탕이 되는 근본적인 냉철함으로 인해, 그는 순수하게 시각적인 것이 언어 문화를 대치할 수 없으며 해서도 안 된다고 분명하고 단호하게 주장했다.

말과 제스처로 각각 표현되는 것은 정신이나 영혼에 있어서 같은 내용이 아니기 때문이다. 음악과 시는 같은 것을 표현하지 않는다. 그것은 아주 다른 것을 표현한다. 우리가 말의 양동이를 깊이 드리울 때, 제스처로 그럴 때와는 아주 다른 것을 건져올린다. 그러나 그렇다고 말의 문화 대신에 움직임과 제스처의 문화를 부활시키기를 원한다고 생각지 말기 바란다. 왜냐하면 말과 제스처는 서로의 대치물이 될 수 없기 때문이다. 이성적·관념적 문화와 그것에 수반된 과학적 발전 없이는 사회, 그리고 그에 따른 인간의 발전은 있을 수 없기 때문이다. 현대 사회를 연결시키는 조직은 발화되고 쓰여진 말이며, 그것이 없이는 모든 기관과 계획이 불가능할 것이다. 반면에 파시즘은 인간의 문화를 분명한 개념 대신 무의식적 감정으로 축소시켜 버리는 경향이 인간을 어떤 방향으로 인도할 것인가를 잘 보여 주었다.

이것이 순전히 정치적인 발언으로 여겨지지 않기 위해 발라즈는 "내가 지금 예술에 대해 말하고 있으며, 여기에서도 좀더 이성적인 말의 예술을 대치하는 것은 생각할 수도 없는 일이다"라고 덧붙였다.[2]

영화가 지닌 강력한 비이성적인 정치적 호소력의 가능성은, 히틀러와 나치즘을 무서운 시각적 서정주의로 찬양하는 레니 리펜슈탈의 《의지의 승리》에서 찾아볼 수 있다. 지금까지 만들어진 영화 중 가장 훌륭한 나치즘 비난 영화인 알랭 레네의 《밤과 안개》는 차분하고 문학적인 영화이다. 이 영화는 매우 절제되고 낮은 조명으로 시각적 이미지를 제시한 데 비해 장 케롤의 감동적인 해설에는 엄청난 비중을 두었다. 해설은 실제로 영화의 기초이며 중심이라 할 수 있고, 시각적 면이 문학적 면에 엄격하게 종속되어 있기 때문에 우리는 레네가 이성의 영화가 비이성의 정치를 누르도록 한 것을 볼 수 있다. 이런 식의 말짱한 정신을 유지할 수 있다면 이미지가 말을 대치하거나, 시각적 미디어가 책을 대치하는 등 현재 미디어 전문가들이 하고 있는 주장들이 실현될 가능성은 없다. 우리에게는 말과 이미지가 모두 필요하다. 편안한 타협을 할 수 있기 때문이 아니라, 말과 이미지는 서로 다르지만 없어서는 안 될 기능을 수행하기 때문이다.

조지 스타이너는 언어의 두 가지 주요 기능이 "우리가 법이라 부르는 인간적 질서의 전달, 그리고 우리가 우아함이라 부르는 인간 정신의 핵심의 전달"이라고 분명하고 직접적으로 말한 적이 있다.[3] 영화가 일종의 언어라면 스타이너가 말한 '인간 정신의 핵심'을 전달하는 데 현재로서는 영화가 가장 적격인 언어이며, 현대 시는 '인간 질서의 전달'에 더 어울린다는 주장을 이제 할 수 있을 것 같다. 다른 말로 하면 질서에 대한 생각과 개념 형성은 시에서, 인간의 사실적 이미지는 영화에서 찾아야 한다는 말이다.

실제로 시는 본질상 질서와 연관이 있다. 폴 퍼셀이 최근에 자신의 책 《시적 운율과 시적 형태》에서 말한 것처럼 "문명은 질서를 향한 충동이다. 그러나 고급 문명은 질서의 기반에서 작동하지만, 동시에 예측 불가능하고 비이성적인 것의 주장도 거부하지 않는 문명이다. 어떤 주장들을 운율적으로 구성하려는 충동은 질서를 향한 더 포괄적인 인간의 충동을 보여 준다."[4] 그러나 물론 단순한 질서정연함만으로 충분하지는 않다. 인간적인 질서, 법이라고 받아들일 만큼 충분히 인간적인 질서를 찾으려고 애쓰는 과정에서 금세기의 시는 거짓된 질서·패턴·가면·규칙·경직성·일반적인 규제를 단호히 거부해 왔다.

그래서 예이츠는 〈서커스 동물의 탈주〉에서 자신의 모든 초기의 패턴·계획·가면·체제가 아무 결과를 낳지 못했음을 묘사한다. 이러한 것들은 각각 하나의 '사다리,' 임시적인 보조였으며, 시적인 목적을 얻으려고 각색한 인공적인 질서였다. 그러나 이 모든 것에 인간적인 면보다는 체제가 더 많았기 때문에 실패했다고 예이츠는 말하고 있는 것 같다.

> 그 훌륭한 이미지들은 완전했기 때문에
> 순수한 마음속에 자랐다. 그러나 어디서 시작된 것일까?
> 쓰레기 더미나 거리의 청소물,
> 낡은 주전자, 헌 병, 깨진 깡통,
> 고철, 늙은 뼈, 낡은 누더기, 금고를
> 지키면서 미쳐 날뛰는 창녀들로부터. 이제 사다리가 사라졌으니
> 모든 사다리가 시작되는 곳에 몸을 뉘어야겠다.
> 더러운 고물 잡동사니를 파는 마음의 가게에.[5]

항해의 결과는 처음으로 돌아오는 것이고, 시작은 언제나 장식되지 않고 꾸밈이 없는 인간이다. 에드윈 뮤어 또한 〈돌아오는 여행〉에서 "그래서 나는 돌아온다 / 나의 유일한 출발점, 원래의 나 자신 / 누더기로 영혼을 감싸고 있는"이라고 말했다.[6] 예이츠의

시는 이 출발점 너머로 나아가지 않으며, 비록 이 시가 비탄조의 상실감으로 가득 차 있지만 우리는 인공적이거나 강제된 질서는 더 이상 작용하지 않는다는 인식에 예이츠가 도달했음을 본다. 질서나 의미가 있으려면 그것은 모든 의미를 함축한 인간적인 질서가 되어야 한다. 형식만으로는 그는 매번 실패하고 말았다.

  F. O. 마티슨이 특히 칭찬한 구절에서, 에즈라 파운드도 우리가 진정한 질서에 도달하기 전에 버려야 할 것이 무엇이고 간직해야 할 것이 무엇인지에 대해 감동적으로 쓴 적이 있다.

> 그대가 가장 사랑하는 것은 남으리,
>   나머지는 찌꺼기
> 그대가 가장 사랑하는 것은 빼앗기지 않으리
> 그대가 가장 사랑하는 것은 그대의 진정한 유산이다.
> 누구의 세계인가, 내 것 혹은 그들의 것,
>   아니면 어느 누구의 것도 아닌가?
>
> 처음에는 눈에 보이는, 그 다음에 실존하는 정도의
> 낙원이 다가왔으니, 비록 그것이 지옥의 방들 속에 있지만,
> 그대가 가장 사랑하는 것이 그대의 진정한 유산이다.
>
> 개미는 자신의 용궁 같은 세계에서는 반인반마이다.
> 그대의 허영심을 내려라, 용기를 내거나,
> 질서를 만들거나, 은혜를 베푸는 것은 사람이 아니다…….

 이것은 신성에 대한 호소가 아니다. 오히려 자연의 질서에 대

한 약간 구식이지만 위엄을 갖춘 호소이다. 왜냐하면 파운드는 계속해서 "등급이 매겨진 발명품 혹은 진정한 예술성에서/그대의 위치가 어디일지 녹색 세계에서 배우라"고 충고하고 있기 때문이다.[7]

거짓 혹은 제한된 질서가 제기하는 문제에 대해서는 엘리엇이 〈이스트 코우커〉에서 가장 잘 표현하고 있다.

> ……경험에서 나온 지식에는
> 기껏해야 제한된 가치밖에
> 없는 것처럼 보인다.
> 지식은 패턴을 강요하고 기만한다.
> 왜냐하면 패턴은 매순간 새롭고
> 매순간은 우리가 지금까지의 우리 존재에 대한
> 새롭고 충격적인 평가이기 때문이다.[8]

현대 시는 이 '새롭고 충격적인 평가'의 긴 연속이라고 할 수 있을 것이다. 그리고 가끔 어떤 시인 혹은 시가 '혼돈에 대한 잠시 동안의 저지'라는 표현으로 시의 기능을 묘사한 로버트 프로스트의 기준을 넘어서 새롭고, 인간적이고, 희망적으로 생존 가능한 질서를 제기하기도 했다. 월리스 스티븐스는 인간적 질서를 자신의 중심 주제로 삼았고, 그것을 가장 잘 표현한 것이 〈키 웨스트에서의 질서 의식〉이다. 이 시는 스티븐스가 바닷가에서 노래를 부르고 있는 여인을 보고 쓴 것이며, 노래 ── 일반적으로 시나 예술에 대한 은유 ── 하고 있는 이 여인이야말로 자신의 세계의 유일한 창조자이며 자신의 세계의 유일한 질서의 원천이라는 스티븐스의 인식을 잘 보여 준다.

> 사라지는 하늘빛을 가장 강렬하게 만든 것은
> 그녀의 목소리였다.
> 그녀는 하늘의 고독을 시간 단위로 재었다.
> 그녀는 자기가 노래 부르는 세계의 유일한
> 창조자. 그녀가 노래 부를 때, 바다는
> 자신에게 어떤 자아가 있든지, 그녀의 노래인
> 자아가 되었다. 그녀가 창조자이므로. 그리고 우리,
> 혼자 거니는 그녀를 보는 우리도
> 그녀에게는 그녀가 지금 노래 부르는 세계,
> 노래 부르면서 만든 세계밖에는
> 다른 세계가 없음을 안다.

시는 다음과 같은 인식에 다다른 데 대한 승리의 어조로 끝난다.

> 바다에 대한 표현에 질서를 부여하려는 창조자의 열정,
> 희미한 별빛 비치는 향기로운 대문에 대한 표현,
> 우리와 우리의 근원에 대한 표현,
> 그 흐릿한 경계, 날카로운 소리.[9]

이 시에서의 질서는 스티븐스의 다른 작품에서처럼 외부적인 것이 아니며, 사물에 내재한 것도 아니다. 그것은 마음에 있는 질서의 힘, 상상력에 내재한 질서, 그리고 예술가에게서 가장 두드

러지게 나타나는 질서이다. 그러한 질서는 외부 세계에 투사된, 혹은 외부 세계가 없더라도 존재하는 인간적 질서이다. 질서의 시작과 끝은 인간이다. 여기서도 질서의 개념을 완벽하게 현대적으로 점검하는 시는, 스티븐스의 시보다 훨씬 더 풍부하고 다양하고 소박한 인간 감정으로 더 살아 있는 엘리엇의 시일 것이다. 가령 〈불타 버린 노턴〉에서 질서에 대한 논리적 주장을 제공하지도 않고 자신의 특별한 질서의 비전을 강요하지도 않으면서, 그는 인간적 질서라고 불릴 가치가 있는 내적인 평온을 묘사한다.

> 시간과 종이 낮을 묻고,
> 검은 구름이 태양을 몰아간다.
> 해바라기가 우리를 향할까, 미나리아재비가
> 뻗어내려 우리 쪽으로 굽을까. 덩굴과 줄기가
> 달라붙고 매달릴까?
> 싸늘한
> 묘지송의 손가락이 꼬부라져
> 우리를 덮을까? 물총새의 날개가
> 빛으로 빛에 화답하고 잠잠해진 후, 빛은 여전히
> 회전하는 세계의 정점에 있다.[10]

엘리엇은 콘래드 이후로 자주 묘사되어 온 떠들썩한 암흑의 핵심에 대한 대답으로 고요한 빛의 핵심을 인지하는 것 같다. 이 빛의 핵심이 무슨 의미인지, 혹은 정확히 무엇인지 말하기 쉽지 않지만, 엘리엇이 이해하는 바에 의하면 "오로지 형태, 패턴에 의해서만/말이나 음악이 정적에/도달할 수 있다, 중국 항아리가/정적 속에서도 영원히 움직이는 것처럼."[11] 그리고 우리는 키츠가 그리스 항아리에서 인식한 질서잡힌 영원성을 생각한다. 물론 《네 개의 사중주》는 질서에 대한 위대한 현대 시 중의 하나이다. 그 주제는 도처에서 발견할 수 있다. 혼란스러운 인생의 복잡성 밑에서 마침내 매우 단순하고 인간적인 질서를 찾을 수 있다는, 혹은 만들 수 있다는 자신의 인식을 엘리엇은 매우 강력하게 표현하고 있는데, 임의적인 인용으로는 이것을 제대로 표현할 수가 없다. 〈리틀 기딩〉의 결말은 차분하고 비교적 획일적인 운율을 유지하면서 병치하고 나누기보다는 화해하고 연합하도록 권유하고 있는데, 이것이 바로 엘리엇이 생각하는 아직까지 달성 가능한 질서를 표현한 것 같다.

> 우리는 탐색을 멈추지 않을 것이다.
> 그리고 우리 탐색의 마지막은
> 우리가 시작한 곳에 도착하는 것
> 그리고 그곳을 처음으로 아는 것.
> 미지의, 기억된 문을 지나면
> 아직 발견되지 않고 남아 있는 땅이
> 바로 시작이었던 그곳.
> 가장 긴 강의 근원에는
> 숨겨진 폭포의 목소리.
> 사과나무 속에서 노는 아이들은
> 찾지 않았으니까 알려진 것이 아니지만
> 들린다. 반쯤 들린다. 두 개의
> 파도 사이에 있는 정적 속에서.

자 빨리, 여기, 지금, 언제나──
완전한 순수의 상태
(모든 것을 바쳐야 얻을 수 있는)
모든 것이 잘될 것이며
모든 일들이 다 잘될 것이다.
불꽃의 혀가 안으로 겹쳐져서
왕관 모양의 불꽃의 매듭이 되고
불과 장미가 하나가 될 때.[12]

엘리엇과 스티븐스는 경험에 질서를 부여하고, 인생을 통합하는 가장 큰 힘이 인간의 상상력에서 나온다는 사실을 가장 소리 높여 주장한 시인이었다. 그러나 이것은 최근 시에서 가장 보편적인 주제이며, 노스롭 프라이 등의 저작에서 가장 광범위하고 분석적으로 묘사된 주제이다. 질서를 이런 식으로 표현하는 것이 멋지게 보이기는 하지만, 시는 질서잡힌 삶이 실제적으로 어떤 인간적 형태를 띠는지에는 비교적 관심을 보이지 않았다. 다시 말하자면 질서와 우아함에 대해 훌륭한 시들이 씌어지기는 했지만, 현대 시에는 제대로 된 인간의 모습이 거의 보이지 않는다. 최근 시는 완전히 밝혀진, 알아볼 수 있는 인간의 모습에 거의 초점을 맞추지 않는다. 현대 시에는 기억될 만한 위대한 인물들이나 캐릭터들이 거의 없다. 로버트 프로스트──현재 칭송을 받는 시인 중 가장 구식이라고 할 수 있는──는 이 점에 있어서 가장 성공적이다. 〈고용인의 죽음〉에 나오는 메리와 사일러스, 같은 제목의 시에 나오는 힐 와이프, 그리고 그의 다른 많은 시들은 살아 있는 인간을 시의 중심에 두고 있다. 그러나 프루프록은 엘리엇의 작품 중 그나마 인간 모습에 가장 근접하게 표현된 인물이고, 〈학생들 사이에서〉에 나오는 인물은 예이츠의 가장 근사치이다. 프로이트와 예이츠에 대한 오든의 시는 실제 사람을 대상으로 시작하지만, 그 사람들은 시가 진행하면서 점점 개념이나 시각을 대표하게 되었다. 《패터슨》에서 윌리엄 칼로스 윌리엄스는 주인공을 제시하지만, 그는 추상적 개념이며 도시의 의인화이다. 스티븐스의 〈일요일 아침〉과 로버트 로웰의 〈낸터킷의 퀘이커 묘지〉도 인간을 주인공으로 풀어 나가지만, 이들 어떤 시에서도 대부분의 위대한 영화에서 볼 수 있는 완벽하고 강한 인간의 존재를 볼 수는 없다.

시가 질서의 비전에다 인간적 모습을 씌우려고 애썼다면 영화는 정반대의 문제, 즉 인간의 이미지에다 의미 있는 질서를 부여하는 문제를 가지고 씨름하여야 했다. 시가 사람의 모습을 불러내는 데 어려움을 겪었다면 영화에는 처음부터 사람이 있었다. 문제는 사람을 가지고 어떻게 할 것인가였다. 발라즈가 지적한 대로 영화의 최초의 위대한 성취가 우리가 지금 생각하는 영화 형태나 영화 언어의 발견과 개발보다 훨씬 앞선 것이었다는 바는, 이것과 연관해서 매우 흥미로운 점이다. 채플린식의 무성 희극 영화는 편집이나 몽타주에 전혀 의존하지 않았지만, 슬랩스틱이나 채플린식의 유머는 매우 웃기고 여전히 중요한 순수 영화이다. 내가 앞에서 제시한 것처럼 이것은 아마 이런 영화가 인간과 기계적인 현대의 세계, 혹은 인간과 무생물의 세계를 다루기 때문일 것이다. 그렇다면 그 나름대로 영화 최초의 성취조차도 본능적으로 인간 조건에 초점을 맞춘 것이다. 순수한 인간 이미지의 장점을 묘사한 나중의 작품으로는 W. C. 필즈의 영화가 있을 것이다.

그의 영화는 대개 약하고 우스꽝스러운 플롯, 엉망인 촬영 기법, 무능력한 연출, 깔끔하지 못한 편집, 창피한 조연배우 등의 약점이 있지만 《정직한 사람을 속일 수 없다》와 《얼간이에겐 휴식을 주지 마라》는 단지 필즈의 존재가 매력 있고 리얼하고, 또 웃긴다는 이유만으로도 멋진 영화이다. 폴스태프 같기도 하고 산초 판자 같기도 한 필즈는 냉소적이고 무능력한 허풍쟁이를 서사적이지만 여전히 인간적인 차원으로 끌어올리며, 그의 억누를 수 없는 자아는 눈에 보이는 모든 것을 압도해 버린다.

추상주의·초현실주의·풍경화·토운 포엠(音詩)에 대한 유행이 휩쓸고 지나갔지만, 영화는 현대 시각 예술 중 사실상 유일하게 인간의 이미지를 제재로 삼아 왔다. 게다가 영화는 모든 것의 중요성을 그것이 사람에게 미치는 영향으로 평가하는 경향이 있다. 휴머니즘이라는 오래 된 주장에다 영화는 새로운 재료와 새로운 긴박감을 부여했다. 그래서 발라즈는 "일어나는 모든 사건은 궁극적으로 인간에게, 그리고 인간을 통해 일어난다. 위대한 문명, 위대한 기술적 진보를 보여 주고 싶은가? 일하는 사람을 통해 보여 주어라. 사람의 얼굴·눈을 보여 주면 그 문명이 무엇을 의미하는지, 그것이 어떤 가치가 있는지 말할 수 있을 것이다. 들판의 추수를 보여 주고 싶은가? 농부의 얼굴만이 땅의 얼굴을 표현해 줄 것이다"라고 주장할 수 있었다.[13]

인간이 더 이상 모든 것의 척도는 아니지만 영화에서는 여전히 세계의 척도이다. 세자르 자바티니는 "보고 분석하고 싶은 영화의 엄청난 욕구, 현실에 대한 갈망은 다른 사람에 대한 구체적인 경의의 행위이다"라고 쓰고 있으며, 스탠리 카우프만은 영화가 정직하고 즐거운 방법으로 '인간이 된다는 것의 매력'을 강조한다는 이유에서 영화에서의 점점 더 노골적인 성의 묘사를——물론 다른 많은 것도 옹호했을 것이지만——옹호했다.[14] 가령 장 르누아르의 영화는 인간이 된다는 것의 매력을 강조하고 있다. 그것은 《위대한 환상》과 다른 영화들의 주된 주제이다. 그리고 이것은 또한 《이유 없는 반항》과, 특히 《에덴의 동쪽》과 같은 제임스 딘 영화의 엄청난 매력 뒤에 숨겨진 비밀일지도 모른다. 왜냐하면 제임스 딘은 청소년의 쉬운 스테레오타입을 거부하고, 대신 젊음의 진정한 특질을 살려냈기 때문이다. 또한 클로드 를루슈의 《남과 여》 같은 영화는 주제가 가벼워 지적인 영화팬들의 존경을 그다지 받고 있지는 않지만, 그럼에도 불구하고 단순한 인간의 매력을 깊게 고뇌하지 않으면서도 꾸준히 보여 주고 있다.

이러한 성질을 해피 엔딩을 가진, 혹은 중립적인 영화에만 한정할 필요는 없다. 《로코와 그의 형제들》과 《길》 같은 고전 비극에 가까운 많은 영화들도 인간적이 되는 것의 매력은 아닐지라도 그 필요에 대해서는 강조를 하고 있다. 《로코와 그의 형제들》은 가족의 가치 대 도시의 삶, 개인적 가치 대 강요된 가치를 대립시키고 있지만 정직하게 그 결과를 왜곡시키지 않고 있다. 심리적으로 비정상적이라 할 수 있는 세 사람을 둘러싼 이야기인 《길》은 동물 같은 잠파노, 덜떨어진 젤소미나, 그리고 광대에게서 인간적인 면을 찾고 그것을 강조한다. 이 영화는 그리스 비극의 템포와 위력을 지니고 있다. 그 주제는 소포클레스의 《아이아스》처럼 인간적인 것이 무엇인가에 대한 탐색이라고 할 수 있다. 이러한 많은 영화들에서 우리는 파커 타일러가 영화의 업적이라고 요약한 것들을 발견할 수 있다. 타일러는 "사진이 움직이기 시작하고 영화가 되면서, 사진은 그 고전적 인간의 이미지를 부활시켰다.

갑자기 인간의 재현적 이미지가 생기를 띠기 시작했고, 이런 의미에서 예술에서의 인간의 정체성은 움직임이라는 새로 첨가된 요소로 인해 새로운 의미를 띠기 시작했다"고 쓰고 있다.[15]

인간의 이미지는 실제로 영화를 지배하고 있다. 영화는 여전히 근본적으로는 재현적이다. 그래서 영화를 고전적으로 불러도 되는 것인지는 모르지만, 인간적인 것에 대한 영화의 충실도는 단순한 재현주의를 넘어서고 있으며, 단순한 인간의 출현 이상의 의미를 지니고 있다. 영화제작자들은 쉽게 접근할 수 있는 사람과 사물의 표면을 넘어서서 문학이 도달할 수 있는 곳, 인간의 내면까지 도달하기 위해서 최선을 다하여 노력해 왔다. 그래서 카를 드라이어는 만약 영화제작자가 "단지 자신의 눈에 보이는 것을 혼 없이 몰개성적으로 찍기만 한다면, 그는 스타일이 없는 것이다"라고 주장하였다.[16] 카메라의 눈은 소설가의 눈처럼 해석 능력이 있다. 그것을 제쳐 버리고 사물의 외양, 있는 그대로의 모습만 기록한다면 그것은 책임 회피이다. 어떤 감독이라도 현실을 선택하고 편집한다. 그는 《자전거 도둑》에서 데 시카가 하였듯이, 순수한 인간적 가치를 드러내고 강조할 수 있도록 취사 선택하고 편집해야 한다. 그렇지 않으면 그 선택과 편집은 흥미 유발·폭력·외설·매력만을 취함으로써 혼이 없는, 몰개성적인, 비인간적인 것이 될 터이다.

그것을 편집하는 창조적 지성이 없다면, 영화의 제재 자체는 다른 예술의 제재보다 더 인상적이고 의미 있을 이유가 없다. 그래서 푸도프킨은 "편집은 기본적인 창조력이며, 그 힘으로 인해 혼이 없는 사진(각각의 쇼트)들이 살아 있는 영화적인 형태로 만들어지는 것이다"라고 말할 수 있었다.[17] 편집되지 않은 에이젠슈테인의 영화 원본과 완성된 영화를 본 사람이라면 푸도프킨이 주장하는 바를 즉시 알게 될 것이다. 뉴욕의 현대 미술관에 있는 에이젠슈테인의 멕시코 촬영본은, 현재 상태로는 단지 형식적이고 학문적인 관심거리 이상의 의미도 없고 공허하다. 그 영화를 그가 완성했더라면 같은 재료가 틀림없이 엄청난 인간적 가치를 지니게 되었을 것이다.

드라이어와 푸도프킨의 말에다 마지막으로 베이철 린지의 말을 덧붙여야겠다. 그는 자신의 《영화의 예술》이라는 책에 대해 "이 책은 절제되지 않은 사진의 비인간적 성격에 대한 투쟁이다"라고 말하였다.[18] 드라이어와 푸도프킨처럼 린지도 영화제작자의 창조적 손질을 거치지 않은 원래 그대로의 사진은 혼이 없고, 몰개성적이고, 비인간적이라고 주장한다. 간단히 말하면 편집되지 않은 쇼트는 적절한 순서로 다시 맞추어지기 전까지는 생명도, 흥미도, 의미도 없다는 뜻이다. 그러나 이것을 확대해서 생각하자면, 이 세 사람이 이토록 열정적으로 이 점을 말한다는 사실은 이러한 진술들이 인간과 인간다움의 이미지를 배반하여 스테레오타입과 매너리즘, 번지르르함과 거짓, 감정적 부정직함으로 인도하는 영화, 폭력과 공격의 파괴적 본능으로 우리를 인도하는 수많은 영화들을 겨냥하고 있다는 것을 시사한다. 그것이 보통의 텔레비전 광고이든, 혹은 스펙터클 영화 아니면 침실 코미디이든, 보통의 실험 영화이든, 오슨 웰스의 영화처럼 생각은 좋지만 제작자들이 잘못 편집한 영화이든, 아니면 《의지의 승리》와 같은 나치즘 찬양 영화이든간에 비겁하고 비인간적인 동기가 의식적이든 무의식적이든 슬그머니 기어 들어와 결과를 망칠 수가 있다는 말이다. 도덕적인 이야기를 하자는 것이 아니다. 우리에게 어떻게 사는가를 가르쳐 주는 것이 도덕적인 것이라고 말한 매슈 아널드의 말이나, "스타일은 정신의 궁극적인 도덕이다"라는 화이트헤드의 말이 맞기는 하지만, 문제는 스타일이고 스타일은 언제나 모종의 질서를 세우는 과정을 포함한다.

영화의 문제는 언제나 풍부하고 다양한 인간적 소재로부터 그 소재에 억압적인 숨막히는 질서정연함을 강요하지 않으면서, 어떻게 중요하고 만족스러운 질서를 끌어낼 것인가의 문제였다. 너무 격식화하면《지난해 마리앵바드에서》가 만들어 낸 '혼이 없고' 죽은 이미지를 얻게 된다. 오슨 웰스는 이 영화를 보고서《보그》잡지가 생각난다고 하였는데, 사실 이 영화에서는 포즈를 취하는, 취하고 있는, 움직이지 않은 인물들이 실제 인간을 대치하고 있으며 대다수 관객들도 이 사실을 놓치지 않았을 것이다.

따라서 영화의 인간적인 면과 질서에 대한 감각은 떨어질 수 없이 연결되어 있는 듯하다. 그리고 내 생각에는 지금까지 만들어진 많은 위대한 영화들은 인간성과 질서를 포함하거나 화합시키거나 존중하고 있으며, 인간적인 면과 질서는 어떤 면에서 상호 양립할 수 있는 듯하다.

잉마르 베리만의《제7의 봉인》은 주인공인 기사의 눈을 통해 혼란스럽고 와해되는 세계를 탐색한다. 그는 단순하고 명확한 미덕——충성스럽고 용감하며, 정의롭고 꿋꿋한 탐구자——을 지닌 소박한 사람이다. 그가 신빙성 있는 인물인 만큼 우리는 그의 눈을 통해 주위 세계가 얼마나 혼란스러운지를 보게 된다. 영화 제작사가 주제를 찾아나서는 산만한 영화인 펠리니의《8½》도 그와 같다. 이 영화에서 제작자는 돌아다니는 과정에서 주제를 생각하고, 또 실제로 펠리니가《8½》을 만든 과정을 정확하게 반영한다. 이 영화를 결합하는 것은 주인공의 존재이며, 형식적으로 영화를 연결시키는 마지막 장면은 트릭이나 속임수가 아니라 주인공의 자연스러운 마지막 동작이다. 그는 모든 것을 수용하려는 위대하고 엄청난 충동에 의해 자신의 영화와 삶에 어느 정도의 질서를 부여한다. 따라서 그는 모든 과거, 모든 친구와 적들, 자신의 모든 삶을 받아들이며, 그의 삶에 등장한 모든 인물들이 손을 잡고 천천히 엄숙하게 원을 그리며 춤을 출 때 조명이 어두워지며, 엄습하는 어둠을 뚫고 들리는 작고 단순한 곡조는 어둠에 맞서고 있다. 그래서 이 영화의 결말이 효과를 발휘한다면 그것은 그 결말이 새로운 개념이나 미묘한 철학적 진술이기 때문이 아니고, 또 영화상에서 예견된 마지막 장면이기 때문도 아니다. 그것은 귀도와 같은 인간이 실제 삶에서 할 수 있는 단순한 인간적 제스처이기 때문이다.

이미 언급한 것처럼 현대 시는 추상적이고 철학적인 성향을 강하게 띠어 왔다. 그러나 영화는 현대 시의 기법과 개념을 일부 공유하기는 하지만, 매체의 성질상 추상적인 개념이나 철학적인 대사를 전달하기에 적합하지 않다. 따라서 개념을 구체적인 인간의 몸을 통해 구현할 수밖에 없는 것이다. 《정사》와 같은 영화가 현대 생활과 사랑의 공허함을 집요하게 탐색하기는 하지만 절망과 혼돈으로 끝날 수는 없는 것이다. 왜냐하면 영화에서 보여 준 모든 시험과 오랜 좌절과 허무를 통해 주인공 클라우디아가 놀라운, 흔들리지 않는 인격을 얻게 되었기 때문이며, 그 영화에서 마지막으로 드러나는 것은 질서의 개념으로서가 아니라 질서의 이미지로서의 그녀의 소박한 인격, 흔들리지 않는 성실성이다.

훌륭하지만 잘 알려지지 않은 아녜스 바르다의 《5시에서 7시까지의 클레오》가 마지막으로 하나의 예를 보여 줄 것이다. 이 영화는 파리의 젊은 여가수 이야기인데, 영화가 시작될 때 화려한 표면 아래 숨겨진 그녀의 삶은 무기력하고 무질서하고 인위적이고 혼돈되고 불행하다. 그러나 자신이 병이 들었고 곧 죽을 것이라는 사실을 알게 되자 클레오는 남은 생을 살기로 결심하고, 사형 선고가 여성으로서의 그녀가 새로이 등장하는 시점을 알린다. 그녀는 따스하고, 실제적이고, 심지어 행복하게 된다. 그녀를 구하고, 부활시키고, 바쁘고 피상적인 삶의 활동에 질서를 부여한 것은 그녀 자신의 내면에서 나온 원천이었다. 영화는 어느 노파가 타로 카드로 클레오의 운명을 점치는 것으로 시작된다——그녀는 죽음을 예언한다. 그러나 영화는 도시 공원에서의 러브 신으로 삶을 예언하면서 끝난다. 우연·소동·혼돈은 죽음이며, 그와 반대로 내적인 고요·사랑·절제는 삶이다. 엘리엇의 《황무지》는 우리로 하여금 주고, 동정하고, 절제할 것을 배우도록 충고하면서 끝난다. W. H. 오든은 "우리는 서로 사랑하지 않으면 죽는다"라고 말한 적이 있다. 《5시에서 7시까지의 클레오》는 이러한 내용을 말로 하지 않고 살아 있는 생생한 여성을 통해 보여 주며, 행동하고, 구현한다.

  이들 영화와 많은 다른 영화들은 완전히 인간적인 면에서 질서와 무질서를 다룬다. 그리고 현대 시는 사변적인 경향이 있고, 반면 영화는 성격상 사람을 더 강조한다는 식으로 간단하게 말할 수는 없는 것이다. 내가 언급한 영화들에서 영화제작자들은 엄청난 지식을 가시고 엄청나게 빠르고 혼돈된 세계에 사는 20세기 인간에게는, 중요한 질서가 인간적인 질서가 되어야 한다는 것을 더 적극적으로 인식하고 성공적으로 표현하였다. 질서는 더 이상

종교적인 법칙, 자연의 질서, 하늘의 계획, 과학 혹은 역사에서만 발견되는 것이 아니다. 그것은 사회적 질서, 혹은 질서정연함·규범·관습·법에 있는 것도 아니다. 이들 영화들이 보여 준 우리에게 필요한 질서는 자신의 최선의 자아에 대한 충실함이며, 이것은 《제7의 봉인》에 나오는 기사와 광대, 《정사》의 클라우디아, 《8½》의 귀도, 《5시에서 7시까지의 클레오》에 나오는 클레오에게서 볼 수 있는 성질이다. 질서는 혼돈을 향한 외적인 충동에 항거하여 삶을 응집하도록 하는 무엇이다.

인간의 모습에 초점을 맞추고, 인간적인 것이 무엇인가를 찾는 주제를 다룬 현대 영화를 더 많이 예로 들 수 있을 것이다. 트뤼포의 《피아니스트를 쏴라》에서의 찰리, 《400번의 구타》에서의 소년, 레네의 《전쟁이 끝나다》에서의 디에고, 안토니오니의 《밤》에 나오는 부부, 《아프리카의 여왕》에서의 노처녀와 건달이 그들이다. 그러나 요점은 언제나 같다. 영화는 스스로에 대한 통제에 인간됨이 달려 있는 존재로서의 인간의 이미지를 다른 어떤 예술보다도 훨씬 많이 견지해 왔다. 사실 영화는 다음과 같은 토크빌의 생각을 가장 근사하게 성취한 현대 예술이 되었다. "나는 마지막에는 민주주의가 인간 이외의 것으로부터 모든 상상력을 돌려 인간에게만 그것을 고정시킬 것이라고 확신한다."[19]

영화처럼 현대 문학도 이러한 목적을 추구해 왔으며, 문학이 인간적인 질서와 미덕에 대한 찬란하고 감동적인 주장들로 가득 차 있다면, 영화는 가시적 질서와 가시적 미덕에 대한 보완적인 비전을 제공하고 있다. 유용하고 실현 가능한 질서를 우리가 찾을 때, 그 질서는 바로 인간의 얼굴이 될 것이라는 바를 현대 시와 영화는 공동의 노력으로 보여 주었다.

원 주

1 문학과 영화

1) Henry Adams, *Mont-Saint-Michel and Chartres*, Boston, Houghton Mifflin, 1904, pp.64-65에서 인용.

2) Kenneth Clark, 〈The Blot and the Diagram〉, *Encounter*, No. 112, January 1963, p.31.

3) Arnold Hauser, *The Social History of Art*, Vol. 2, New York, Knopf, 1951, p.956.

4) James Agee, 〈Comedy's Greatest Era〉, in *Agee on Film: Reviews and Comments*, New York, Grosset and Dunlap, pp.15-16.

5) Ingmar Bergman, *Four Screenplays of Ingmar Bergman*, New York, Simon and Schuster, 1960. pp.xxi-xxii.

6) Hauser, p.947.

7) Erwin Panofsky, 〈Style and Medium in the Moving Pictures〉, *Bulletin of the Department of Art and Archaeology*, Princeton University, 1934, reprinted in *Film: An Anthology*, ed. Daniel Talbot, Berkeley and Los Angeles, University of California Press, 1959, pp.15-32.

8) Sergei Eisenstein, *Film Form*, Cleveland and New York, World(Meridian), 1957, pp.232-233.

9) E. H. Gombrich, *Meditations on a Hobby Horse*, London, Phaidon, 1963, p.87, and Roy Armes, *French Cinema Since 1946*, Vol. 1 London, Zwemmer, 1966, p.7.

10) Sir Herbert Read, *A Coat of Many Colours*, London, Routledge and Kegan Paul, 1945, pp.230-231.

11) George Steiner, *Language and Silence*, New York, Atheneum, 1967, p.101.

12) Jay Leyda, *Kino,* London, George Allen and Unwin, 1960, p.130 에서 인용.

13) Armes, Vol. 2, p.95에서 인용.

14) Read, p.230.

15) Stanley Kauffmann, *A World on Film,* New York, Harper and Row, 1966, p.421.

16) Armes, Vol. 2. pp.84-89에서 인용.

17) Jean Cocteau, *Cocteau on the Film,* André Fraigneau와의 대화 녹음, Vera Traill 번역, New York, Roy Publishers, Inc., 1954, p.101.

ㄹ 영화의 문화적 근원과 배경

1) Sergei Eisenstein, *Film Form,* Cleveland & New York, World(Meri-dian), 1957, pp.200, 205, 208, 216, 217, and 213.

2) *Ibid.,* p.213.

3) Joseph Frank, *The Widening Gyre,* New Brunswick, N. J., Rutgers University Press, 1963, pp.14-16.

4) Thomas Hardy, *The Dynasts,* Pts. I and II, London, Macmillan, 1948, pp.x, 216.

5) Walt Whitman, *The Early Poems and the Fiction,* New York, New York University Press, 1963, pp.34, 38, 40.

6) Walt Whitman, *Leaves of Grass,* The First(1855) Edition, New York, Viking, 1961, pp.31, 37, 25.

7) *Ibid.,* p.24.

8) Whitman, *Leaves of Grass,* ed. Blodgett and Bradley, New York, New York University Press, 1965, p.300.

9) Arthur Rimbaud, *Poèmes,* Paris, Gallimard, 1960, p.130.

10) Walter Pater, *The Renaissance*(First Edition 1873), New York, Macmillan, 1905, p.130.

11) Ernest Fenollosa, *The Chinese Written Character as a Medium for Poetry,* London, Stanley Nott, 1936.

12) Vachel Lindsay, *The Art of the Moving Picture,* New York, Macmillan, 1915, pp.171, 185.

3 그리피스와 에이젠슈테인: 영화에서의 문학의 이용

1) Rudolf Arnheim, *Film*, London, Faber, 1933. 1960년 University of California Press에서 출판된 *Film as Art*의 〈Film and Reality〉 부분 참조.
2) Béla Balázs, *Theory of the Film*, London, Dennis Dobson, 1953, p.31.
3) V. I. Pudovkin, *Film Technique and Film Acting*, Trans. Ivor Montagu, London, Vision: Mayflower, 1958, pp.23-24.
4) Griffith의 극 《바보와 소녀 *A Fool and a Girl*》는 1907년 워싱턴에 있는 컬럼비아 극장에서 공연되었다.
5) Vachel Lindsay, *The Art of the Moving Picture*, New York, Macmillan, 1915, pp.65-66.
6) 시공간상으로 분리된 이야기를 서로 오가는 기법은 Griffith 이전에 이미 Edwin S. Porter가 1905년 《절도광 *The Kleptomaniac*》에서 사용했다.
7) Sergei Eisenstein, *The Film Sense*, Cleveland and New York, World (Meridian), 1957, p.2.
8) *Ibid.*, p.4.
9) 같은 책 6쪽에서 인용.
10) *Ibid.*, p.13.
11) *Ibid.*, p.20.
12) *Ibid.*, pp.25-26.
13) *Ibid.*, pp.29-30.
14) 같은 책 47쪽에서 인용.
15) *Ibid.*, p.49.
16) *Ibid.*, p.53.
17) *Ibid.*, p.56.
18) *Ibid.*, pp.58, 61-62.
19) Roy Armes, *French Cinema Since 1946*, Vol. 2, London, Zwemmer, 1966, p.109에서 인용.

4 문학 기법과 영화 기법

1) Michelangelo Antonioni, *Screenplays of Michelangelo Antonioni*,

trans. Louis Brigante and Roger J. Moore, New York, Orion, 1963, p.357.

2) King James Version, Ecclesiastes 12:1-4.

3) Ovid, *The Metamorphoses*, trans. A. E. Watts, Berkeley and Los Angeles, University of California Press, 1954, p.108.

4) John Keats, *The Poetical Works of John Keats*, Second Edition, ed. H. W. Garrod, Oxford, Clarendon Press, 1958, p.458.

5) Vachel Lindsay, *The Art of the Moving Picture*, New York, Macmillan, 1915, p.54.

6) Geoffrey Chaucer, *The Works of Geoffrey Chaucer*, ed. F. N. Robinson, Boston, Houghton Mifflin, 1957, p.161.

7) *The Renaissance in England*, ed. Rollins and Baker, Boston, Heath, 1954, p.78.

8) C. S. Lewis, *English Literature in the Sixteenth Century*, Oxford, Clarendon Press, 1954, pp.136-139.

9) Nathaniel Hawthorne, *The Marble Faun*, Boston and New York, Houghton Mifflin, 1897, Riverside Edition, pp.196, 360.

10) *Ibid*, pp.58, 61, 62, 63, 65.

11) Mark Twain, *Huckleberry Finn*, New York, Norton, 1961, p.96.

12) James Agee, *A Death in the Family*, New York, Grosset and Dunlap, 1957, p.81.

13) *Ibid.*, pp.4-5.

14) *The Shorter Poems of Robert Browning*, ed. W. C. De Vane, New York, Appleton-Century-Crofts, 1934, pp.54-55에 나오는 〈The Bishop Orders His Tomb at Saint Praxeds Church〉, Ⅱ의 1행에서 9행.

15) William Shakespeare, *King Lear*, Baltimore, Penguin Books, 1958, pp.67-68.

5 말로 된 언어와 시각적 언어

1) Christopher Marlowe, *Doctor Faustus*, ed. J. D. Jump, Cambridge, Mass, Harvard University Press, 1962, p.92.

2) V. I. Pudovkin, *Film Technique and Film Acting*, trans. Ivor Montagu, London, Vision: Mayflower, 1958, p.27.

3) William Shakespeare, *Measure for Measure*, Baltimore, Penguin

Books, 1956, p.72.

4) Rudolf Arnheim, *Film As Art*, Berkeley and Los Angeles, University of California Press, 1957, p.15.

5) E. H. Gombrich의 *Meditations on a Hobby Horse*, London, Phaidon, 1963의 타이틀 에세이를 볼 것.

6) Ogden Nash, *Verses from 1929 On*, Boston and Toronto, Little, Brown, 1959, p.239.

7) Lawrence Durrell, *Justine*, New York, Pocket Books, p.199.

8) *Shakespeare's Sonnets*, ed. H. E. Rollins, New York, Appleton-Century-Crofts, p.55.

9) J. D. Salinger, 〈A Perfect Day for Bananafish〉, in *Nine Stories*, New York, New American Library, 1954, p.7.

10) Thomas Aquinas, from the *Summa Theologica*, Q. 85, Art 7, in *Introduction to St. Thomas Aquinas*, New York, Random House, 1948, p.419.

11) John Donne, *Devotions Upon Emergent Occasions*, Cambridge, Cambridge University Press, 1923, p.98.

12) Sergei Eisenstein, *The Film Sense*, Cleveland and New York, World (Meridian), 1957, p.234.

13) Roy Armes, *French Cinema Since 1946*, Vol. 2, London, Zwemmer, 1966, p.18.

6 영화와 현대 소설

1) Luigi Pirandello, *Shoot; The Notebooks of Serafino Gubbio, Cinematograph Operator*, New York, E. P. Dutton, 1926, p.10.

2) F. Scott Fitzgerald, *The Last Tycoon*, New York, Scribners, 1941, p.20.

3) John Dos Passos, *1919*, New York, Harcourt, Brace, 1932, pp.100, 9.

4) André Bazin, *What Is Cinema*, Berkeley and Los Angeles, University of California Press, 1967, p.64.

5) J. D. Salinger, *Franny and Zooey*, Boston and Toronto, Little, Brown, 1961, pp.74-75.

6) Vladimir Nabokov, 〈The Assistant Producer〉, in *Nabokov's Dozen*, New York, Doubleday, 1958, pp.75, 76, 77.

7) Heinrich Böll, *Tomorrow and Yesterday*, New York, Criterion, 1957, pp.24-25.

8) James Agee, *A Death in the Family*, New York, Grosset and Dunlap, 1957, pp.17-19.

9) Malcolm Lowry, *Under the Volcano*, New York, Vintage, 1958, p.48.

10) Alain Robbe-Grillet, *The Voyeur*, New York, Grove Press, 1958, p.3.

11) Arnold Hauser, *The Social History of Art*, Vol. 2, New York, Knopf, 1951, p.939.

12) Norman Mailer, *The Naked and the Dead*, New York, Holt, Rinehart and Winston, 1948, p.100.

13) Ezra Pound, *The ABC of Reading*, New York, New Directions, 1960, p.76.

7. 시와 영화에서 질서와 통일성의 문제

1) Vachel Lindsay, *The Art of the Moving Picture*, New York, Macmillan, 1915, p.254.

2) Hart Crane, *The Complete Poems of Hart Crane*, New York, Doubleday(Anchor), 1958, pp.78, 3.

3) E. A. Robinson, *Collected Poems*, New York, Macmillan, 1929, p.94.

4) Wallace Stevens, *The Collected Poems of Wallace Stevens*, New York, Knopf, 1961, p.19.

5) St. John Perse, *Anabasis*, trans T. S. Eliot, New York, Harcourt, Brace, 1949, pp.10, 11, 25.

6) William Carlos Williams, *The Collected Earlier Poems*, New York, New Directions, 1951, p.407.

7) Robert Frost, *Complete Poems of Robert Frost*, New York, Henry Holt, 1959, p.443.

8) Stevens, p.76.

9) Archibald MacLeish, *Collected Poems, 1917-1952*, Boston, Houghton Mifflin, 1952, p.41.

10) Richard Wilbur, *Things of This World*, New York, Harcourt, Brace, 1956, p.8

11) Frank Kermode, *New York Review of Books*, Vol 2, No.1, February 20, 1964, p.1.

12) Michael Drayton, *The Works of Michael Drayton*, Vol 2, ed J. W. Hebel, Oxford, Blackwell, 1961, p.341.

13) Williams, p.277.

8 황무지: 질서의 붕괴

1) W. B. Yeats, *The Collected Poems of W. B. Yeats*, New York, Macmillan, 1955, pp.184-185.

2) Robert Frost, *Complete Poems of Robert Frost*, New York, Henry Holt, 1959, p.396.

3) T. S. Eliot, *The Complete Poems and Plays*, New York, Harcourt, Brace, 1952, p.128.

4) *The New Yorker,* Oct. 30, 1965, p.66에서 Lillian Ross 인용.

5) Eliot, p.52.

6) *Ibid.*, p.44.

7) *Ibid.*, p.3.

8) Federico Fellini, *La Dolce Vita*, New York, Ballantine Books, 1961, p.1.

9) Eliot, p.38.

10) *Ibid.*, pp.5, 24.

11) *Ibid.*, p.41.

12) *Ibid.*, p.39.

13) *Ibid.*, p.7.

14) *Ibid.*, p.58.

15) Miguel de Unamuno, *Tragic Sense of Life*, New York, Dover, 1954, p.268.

16) Alfred North Whitehead, *The Function of Reason*, Boston, Beacon Press, 1958, 서문.

17) Nathanael West, *The Complete Works of Nathanael West*, New York, Farrar, Strauss and Cudahy, 1957, p.104.

18) E. M. Forster, 〈Art for Art's Sake〉 in *Modern Culture and the Arts*, ed. Hall and Ulanov, New York, McGraw-Hill, 1967, p.24.

9 휴머니즘의 생존

1) Béla Balázs, *Theory of the Film*, London, Dennis Dobson, 1953, pp.39, 41.

2) *Ibid.*, pp.42-43.

3) George Steiner, *Language and Silence*, New York, Atheneum, 1967, p.101.

4) Paul Fussell, Jr., *Poetic Meter and Poetic Form*, New York, Random House, 1965, pp.4-5.

5) W. B. Yeats, *The Collected Poems of W. B. Yeats*, New York, Macmillan, 1955, p.336.

6) Edwin Muir, *Collected Poems of Edwin Muir*, New York, Grove Press, 1957, p.143.

7) Ezra Pound, *The Cantos*, New York, New Directions, 1948, Canto LXXXI, pp.98-99.

8) T. S. Eliot, *The Complete Poems and Plays*, New York, Harcourt, Brace, 1952, p.125.

9) Wallace Stevens, *The Collected Poems of Wallace Stevens*, New York, Knopf, 1961, pp.129-130.

10) Eliot, pp.121, 145.

11) *Ibid.*, p.121.

12) *Ibid.*, p.145.

13) Béla Balázs, p.168.

14) Cesare Zavattini, 〈Some Ideas on the Cinema〉, in *Film: A Montage of Theories*, ed. MacCann, New York, Dutton, 1966, p.218, and Stanley Kauffmann, *A World on Film*, New York, Harper and Row, 1966, p.420.

15) Parker Tyler, *The Three Faces of the Film*, New York, Thomas Yoseloff, 1960, pp.143-144.

16) Carl Dreyer, 〈Thoughts on my Craft〉, in *Film: A Montage of Theories*, p.313.

17) V. I. Pudovkin, *Film Technique and Film Acting*, London, Vision: Mayflower, 1958, p.25.

18) Vachel Lindsay, *The Art of the Moving Picture*, New York, Macmillan, 1915, p.193.

19) Alexis de Tocqueville, *Democracy in America*, Oxford, London, New York and Toronto, Oxford University Press, 1946, Ch. 23, p.342.

참고 문헌

THE FOLLOWING IS A HIGHLY SELECTIVE LIST OF BOOKS AND ESSAYS Which bear immediately upon film and literature. No attempt has been made to list works which deal exclusively with film theory or with literary theory. Further materials for the study of literature and film may be found in the notes to the present volume and in the admirable bibliography in Nicoll's Film and Theatre.

Agee, James. *Agee on Film*, 2 vols., Boston, Beacon Press, 1964.
Armes, Roy. *French Cinema Since 1946*, 2 vols., London, Zwemmer, 1966.
Arnheim, Rudolf. *Film as Art*, Berkeley and Los Angeles, University of California Press, 1960.
Balázs, Béla. *Theory of the Film*, New York, Roy, 1955.
Bazin, André. *What Is Cinema*, Berkeley and Los Angeles, University of California Press, 1967.
Bergman, Ingmar. *Four Screenplays of Ingmar Bergman*, New York, Simon and Schuster, 1960.
Bluestone, George. *Novels into Film*, Baltimore, Johns Hopkins Press, 1957.
Cocteau, Jean. *Cocteau on the Film*, New York, Roy, 1954.
Eisenstein, Sergei. *Film Form*, New York, Harcourt, Brace, 1949.
_____. *The Film Sense*, New York, Harcourt, Brace, 1942.
Fenollosa, Ernest. *The Chinese Written Character as a Medium for Poetry*, London, Stanley Nott, 1936.
Frank, Joseph. *The Widening Gyre*, New Brunswick, N. J., Rutgers University Press, 1963.
Geduld, Harry M. *Film Makers on Film Making*, Bloomington and London, Indiana University Press, 1967.

Hauser, Arnold. *The Social History of Art*, 2 vols., New York, Knopf, 1951.

Kauffmann, Stanley. *A World on Film*, New York, Harper and Row, 1966.

Lindsay, Vachel. *The Art of the Moving Picture*, New York, Macmillan, 1915.

MacCann, Richard Dyer, ed. *Film: A Montage of Theories*, New York, Dutton, 1966.

Mann, Thomas. 〈On the Film〉, in *Past Masters and Other Papers*, New York, Knopf, 1933.

Nicoll, Allardyce. *Film and Theatre*, New York, Crowell, 1936.

Panofsky, Erwin. 〈Style and Medium in the Moving Pictures〉, *Bulletin of the Department of Art and Archaeology*, Princeton University, 1934, reprinted in *Film: An Anthology*, ed. Daniel Talbot, Berkeley and Los Angeles, University of California Press, 1959.

Pudovkin, V. I. *Film Technique and Film Acting*, London, Vision: Mayflower, 1958.

Read, Sir Herbert. 〈The Poet and the Film〉, in *A Coat of Many Colours*, London, Routledge and Kegan Paul, 1945.

Sheridan, Marion C., et al. *The Motion Picture and the Teaching of English*, New York, Appleton-Century-Crofts, 1965.

Steiner, George. *Language and Silence*, New York, Atheneum, 1967.

Tyler, Parker. *The Three Faces of the Film*, New York, Yoseloff, 1960.

Wilbur, Richard. 〈A Poet and the Movies〉, in W. R. Robinson, *Man and the Movies*, Baton Rouge, Louisiana State University Press, 1967.

Woolf, Virginia. 〈The Movies and Reality〉, *The New Republic*, XLVII, August 4, 1926.

색 인

【인 물】

곰브리치 Gombrich, E. H.　104
그리피스 Griffith, D. W,　7,19,28,29, 31,34,36,39,43,49,52,54,55,56, 57,58,68,78
기번 Gibbon, Edward　108,109
기시 Gish, Lillian　58
나보코프 Nobokov, Vladimir　121
나폴레옹 Napoléon　34
내시 Nash, Ogden　104
내시 Nashe, Thomas　80,82
노아 Noah　62
누레예프 Nureyev, Rudolf　32
단테 Dante, Alighieri　160
달리 Dali, Salvador　171
더럴 Durrell, Laurence　80,105
던 Donne, John　110,111,112,160,168
데 시카 De Sica, Vittorio　187
데밀 deMille, Cecil B.　33
뒤라스 Duras, Marguerite　69
드라이든 Dryden, John　23
드라이어 Dreyer, C. Th.　187,188
드라이저 Dreiser, Theodore　31
드레이턴 Drayton, Michael　149
디즈니 Disney, Walt　147
디킨스 Dickens, Charles　19,28,29,56
디킨슨 Dickinson, Emily　137
딕슨 Dixon, Thomas　58
딘 Dean, James　186
라우리 Lowry, Malcom　64,127
라헬 Rachel　86
랭보 Rimbaud, Arthur　42,43
러니어 Lanier, Sidney　137
런던 London, Jack　56
레네 Resnais, Alain　24,69,70,107,108, 113,147,148,171,176,192
레로나르도 다 빈치
　Leonardo da Vinci　62,63
레제 Léger, Fernand　13
로 Lowe, J. L.　59
로렌스 Lawrence, D. H.　48,126
로렌츠 Laurentz, Pare　39,43
로브 그리예 Robbe-Grillet, Alain 15,69,70,128,128,130,134,171
로빈슨 Robinson, E. A.　137,138,139
로스 Roth, Philip　121
로웰 Lowell, Amy　48
로웰 Lowell, J. R.　137
로웰 Lowell, Robert　23,144,155,184
로이드 Lloyd, Harold　15
로턴 Laughton, Charles　97

롱펠로 Longfellow, H. W.   137
루이스 Lewis, C. S.   81
뤼미에르 Lumière, Louis/Auguste   52,80
르누아르 Renoir, Jean   186
를루슈 Lelouch, Claude   45,108,186
리드 Reed, Carol   97
리드 Reade, Charles   56
리드 Read, Herbert   20,22,24
리펜슈탈 Riefenstahl, Leni   175
린지 Lindsay, Vachel   8,48,49,52,57, 78,134,135,188
릴케 Rilke, R. M.   165
마르쿠스 아우렐리우스 Marcus Aurelius   83
마블 Marvell, Andrew   160
마시나 Massina, Giulietta   46
마커 Marker, Chris   70
마티슨 Matthiessen, F. O.   178
말로 Marlowe, Christopher   99
매클리시 MacLeish, Archibald   144,147
맥라렌 MacLaren, Norman   147
메일러 Mailer, Norman   131
메카스 Mekas, Adolfas   39,43,52
멜리에스 Méliès, George   13,52,53, 54,74
멜빌 Melville, Herman   134
모파상 Maupassant, Guy de   56,61
뮤어 Muir, Edwin   177
밀러 Miller, Henry   117
밀턴 Milton, John   66,67,68,79, 106,112
바르다 Varda, Agnès   24,45,70,87,190

바이런 Byron, G. G.   34
바쟁 Bazin, Andre   20,121
바흐 Bach, C. P. E.   15,160,163
발라즈 Balázs, Béla   32,54,96,174,175, 184,185
밴 로운 Van Loan, Charles   116
밴 베크턴 Van Vechten, Carl   116
버로스 Burroughs, William   15, 129,130
베르그송 Bergson, H. -L.   30
베른하르트 Bernhardt, Sarah   32
베를렌 Verlaine, Paul   160
베리만 Bergman, Ingmar   16,17,24, 148,189
베리먼 Berryman, John   144
벨라스코 Belasco, David   33,38
보가트 Bogart, Humphrey   69
보들레르 Baudelaire, C. P.   160
보르헤스 Borges, J. L.   130
뵐 Böll, Heinrich   122
브라우닝 Browning, Robert   34,43, 44,56,58,91
브라이언트 Bryant, W. C.   137
브래드스트리트 Bradstreet, Ann   88
블로크 Blok, A. A.   23
블루스톤 Bluestone, George   23
비어즐리 Beardsley, Aubrey   12
비올레 르 뒤크 Viollet-le-Duc, E. -E.   10
비티 Vitti, Monica   46
사르트르 Sartre, J. P.   69
새커리 Thackeray, W. M.   30
샐린저 Salinger, J. D.   108,121,130
생 종 페르스 Saint-John Perse

142,155
세네트 Sennett, Mack 81
셰익스피어 Shakespeare, William 19,20,32,33,43,56,78,80,101,102,106,135,157,160,168,169
셸리 Shelley, P. B. 33,65
소포클레스 Sophocles 186
스마트 Smart, Christopher 80
스켈턴 Skelton, John 80,81,82
스타이너 Steiner, George 8,21,159,176
스타인 Stein, Gertrude 140
스티븐스 Stevens, Wallace 138,139,140,141,146,179,180,181,183,184
스티븐슨 Stevenson, R. L. 56
스펜서 Spenser, Edmund 76,160,168,171
시스라 Sisera 85
아널드 Arnold, Matthew 34,189
아스트뤽 Astruc, Alexandre 70
안토니오니 Antonioni, Michelangelo 24,46,74,100
안하임 Arnheim, Rudolf 53,103
애덤스 Adams, Henry 10,11,12,16
야곱 Jacob 86
야엘 Jael 85
업다이크 Updike, John 121
에디슨 Edison, T. A. 19
에머슨 Emerson, R. W. 39,99,135
에이미지스트 Amygist 138
에이젠슈테인 Eisenstein, Sergey 17,18,19,28,29,47,52,58,59,60,61,62,63,64,65,66,67,68,69,74,84,91,111,146,147,187

에이지 Agee, James 14,69,89,90,91,97,123,124,126
엘리엇 Eliot, T. S. 44,138,142,143,144,154,155,156,157,158,160,161,162,163,164,165,166,167,168,179,181,183,184,191
엘리자베스 1세 Elizabeth I 32,168
예이츠 Yeats, W. B. 45,46,146,152,154,170,171,177,178
오든 Auden, W. H. 184,191
오비디우스 Ovidius, P. 76,160
오스틴 Austen, Jane 108
오즈번 Osborn, John 69
오플래허티 O'Flaherty, Liam 116
올딩턴 Aldington, Richard 48
올리비에 Olivier, Laurence 32,33
와일러 Wyler, William 78
요한 John the Baptist 85
우나모노 Unamuno, Miguel de 169
워즈워스 Wordsworth, William 33,106,138
웨스트 West, Nathanael 18,69,117,119,170,171
웰스 Welles, Orson 31,120,188,189
웹스터 Webster, John 160
윌리엄스 Williams, W. C. 39,138,144,145,154,184
윌버 Wilbur, Richard 147
유딧 Judith 85,86
이미지스트 Imagist 138
이셔우드 Isherwood, Christopher 69,116
자바티니 Zavattini, Cesare 185
제이콥스 Jacobs, Lewis 56

제임스 James, Henry   30
제퍼스 Jeffers, Robinson   15
조이스 Joyce, James   20,24,61
존슨 Johnson, Samuel   98,108
졸라 Zola, Émile   31
채플린 Chaplin, C. S.   13,15,83,
   123,125,126,184
초서 Chaucer, Geffrey   79
카우프만 Kauffmann, Stanley
   24,185
칼뱅 Carlvin, Jean   130
캐럴 Carroll, Lewis   60
커모드 Kermode, Frank   149
케롤 Cayrol, Jean   176
콕토 Cocteau, Jean   24,31,43,70,
   76,147,148
콘래드 Conrad, Jeseph   31,181
콜리지 Coleridge, S. T.   33,43,
   59,60,103
쿠퍼 Cooper, J. F.   78
크레인 Crane, Hart   135,136,154,170
크레인 Crane, Stephen   137
클라크 Clark, Kenneth   11,12
클레르 Clair, René   70
클레오파트라 Cleopatra   134
클루조 Clouzot, H. -G.   15,112
키드 Kyd, Thomas   160
키츠 Keats, John   33,65,77,141,182
키턴 Keaton, Buster   14
킹즐리 Kingsley, Charles   56
타일러 Tyler, Parker   186
타티 Tati, Jacques   13
테니슨 Tennyson, Alfred   56
테일러 Taylor, Edward   80

토마스 아퀴나스
   Saint Thomas Aquinas   110
토머스 Thomas, Dylan   69
토크빌 Tocqueville, Alexis de   192
톨스토이 Tolstoy, L. N., Graf   30,
   34,35,56,61
트뤼포 Truffaut, François   31,45,
   70,91,100,192
트웨인 Twain, Mark   31,88,89
파노프스키 Panofsky, Erwin   18
파운드 Pound, Ezra   46,47,48,
   76,131,138,144,154,170,178,179
패서스 Passos, John Dos   119,120,
   121,131
퍼셀 Fussell, Paul   176
퍼시 Percy, Walker   131
펄링게티 Ferlingetti, Lawrence
   39,87
페널로사 Fenollosa, Ernest   46,47,48
페이터 Pater, Walter   45,46,76
펠리니 Fellini, Federico   22,23,31,46,
   100,155,156,157,158,159,160,163,164,
   165,166,167,189
포 Poe, E. A.   56,57,137
포드 Ford, John   97
포드 Ford, F. M.   31
포스터 Forster, E. M.   31,128,171
포크너 Faulkner, William   69,131
포터 Porter, E. S.   52,53,54
포프 Pope, Alexander   157
폰 스트로하임
   Von Strohiem, Erich   31
폰테인 Fonteyn, Margot   32
표트르 대제 Pyotr I   64,65

푸도프킨 Pudovkin, V. I.　55,84,97, 100,101,102,187,188
푸슈킨 Pushkin, A. S.　64,65
프라이 Frye, Northrop　183
프랑크 Frank, Joseph　30
프로스트 Frost, Robert　138,145, 153,154,169,179,183
프로이트 Freud, Sigmund　184
플레처 Fletcher, J. G.　48
플로베르 Flaubert, Gustave　30
플린트 Flint, F. S.　48
피란델로 Pirandello, Luigi　18, 117,118
피츠제럴드 Fitzgerald, F. S.　69, 117,118
피카소 Picasso, Pablo　165
핀다로스 Pindaros　87
필딩 Fielding, Henry　30
필즈 Fields, W. C.　184,185
하디 Hardy, Thomas　34,35,36,49,80
하우저 Hauser, Arnold　13,18,131

하트 Hart, William S.　123,124,125
헤로디아 Herodias　85
헤밍웨이 Hemingway, Ernest　20, 69,131
헨리 Henry, O.　56
헬러 Heller, Erich　43
호메로스 Homeros　20,79
호손 Hawthorne, Nathaniel　83,84, 85,86,87,159
홀로페르네스 Holofernes　85,86
홉킨스 Hopkins, G. M.　44,45,80
화이트헤드 Whitehead, A. N. 170,189
후드 Hood, Thomas　56
후커 Hooker, Thomas　168
휘트먼 Whitman, Walt　37,38, 39,40,41,42,43,57,58,111,112,136,139
휘티어 Whittier, J. G.　137
히치콕 Hitchcock, Alfred　91,98,147
히틀러 Hitler, Adolf　175

【작 품】

《400번의 구타 Les Quatre Cents Coups》　31,91,155,192
《5시에서 7시까지의 클레오 Cleo de cinq a sept》　45,87,190,191
《80일간의 세계 일주 Le Tour du monde en quatre-vingt jours》　78
《8½ Otto e mezzo》　22,31,155,163, 165,189,192
〈J. 엘프레드 프루프록의 연가 The Love Song of J. Alfred Prufrock〉　44,160,164

《가웨인 경과 녹색기사 Sir Gawain and the Green Knight》　88
《가족 속의 죽음 A Death in the Family》　89,123,125,126,127
《강 The River》　43
《거미 소년 Spider Boy》　116
〈검은 고양이 The Black Cat〉　57
〈고용인의 죽음 The Death of the Hired Man〉　183
〈고자질쟁이의 마음 The Telltale Heart〉　56

〈고전적 장면
  The Classic Scene〉 145
《공원을 맨발로
  Barefoot in the Park》 32
《공포의 보수
  Le Salaire de la peur》 15,112
《교육 The Education》 10
《국가의 탄생 The Birth of a Nation》
  36,54,58,117
《기계적 발레 Ballet Mecanique》 13
《기일 Anniversaries》 168
《길 La Strada》 164,167,186
〈나의 노래 Song of Myself〉 58
《나의 아저씨 Mon Oncle》 13
《남과 여 Un Homme et une femme》
  108,186
《내일과 어제
  Tomorrow and Yesterday》 122
〈낸터킷의 퀘이커 묘지 The Quaker
  Graveyard in Nantucket〉 144,
  155,184
《네 개의 사중주
  Four Quartets》 182
《노바 특급 Nova Express》 130
《노아 노아 Noa-Noa》 69
《뇌제 이반 Ivan the Terrible》 58,
  64,145,155
《다리 The Bridge》 136,154,170
《달콤한 인생 La Dolce Vita》 93,
  154,156,157,159,160,162,163,165,167
《대리석 목신상
  The Marble Faun》 83,87,159
《대열차강도
  The Great Train Robbery》 53

〈돌아오는 여행
  The Journey Back〉 177
《동향인 The Clansman》 58
〈디킨스・그리피스, 그리고 오늘날의
  영화 Dickens, Griffith, and the
  Film Today〉 18
《로마 제국 쇠망사 The History of
  the Decline and Fall of the
  Roman Empire》 108
《로미오와 줄리엣
  Romeo and Juliet》 32
《로베스피에르의 몰락
  Fall of Robespierre》 33
《로코와 그의 형제들
  Rocco e i suoi fratelli》 186
《리어 왕 King Lear》 92
〈리틀 기딩 Little Gidding〉 182
《마술사 The Magician》 148
《맨프레드 Manfred》 34
《머리카락의 겁탈
  The Rape of the Lock》 157
《메뚜기의 하루
  The Day of Locust》 117,119
《몬도 카네 Mondo Cane》 154
〈뮤터빌리티 칸토스
  Mutabilitie Cantos〉 168,171
《미국 영화의 발생 The Rise of the
  American Film》 56
《미스 론리하츠
  Miss Lonelyhearts》 119,170
《바람과 함께 사라지다
  Gone with the Wind》 35,03
《밤 La Notte》 192
《밤과 안개 Nuit et brouillard》

70,176
《벅 파빈과 영화 Buck Parvin and the Movies》 116
《벌거벗은 자와 죽은 자 The Naked and the Dead》 131
《벌거벗은 점심 Naked Lunch》 130
《법에는 법으로 Measure for Measure》 101
〈베데커 여행 안내서를 가진 버뱅크: 시가를 문 블레이스틴 Burbank with a Baedeker: Bleistein with a Cigar〉 163
《벤허 Ben Hur》 78
《벽난로 위의 귀뚜라미 The Cricket on the Hearth》 28
《변경의 사람들 The Borderers》 33
《변태 성욕자 Le Voyeur》 129
《보그 Vogue》 189
《보바리 부인 Madame Bovary》 30
〈보조제작자 The Assistant Producer〉 121
《북소리 Drum Taps》 41
〈불의 설교 The Fire Sermon〉 156
〈불타 버린 노턴 Burnt Norton〉 181
《붉은 사막 Il Deserto Rosso》 103,155
《브래드스트리트 부인에게 경의를 Homage to Mistress Bradstreet》 144
《비전 A Vision》 146
《빨간 풍선 The Red Ballon》 103
《사냥꾼의 밤 The Night of the Hunter》 97,104
《사자의 서 Book of the Dead》 134

《살팀방크 Saltimbanques》 165
〈서커스 동물의 탈주 The Circus Animals' Desertion〉 154,177
《섬 The Island》 111
《셜록 2세 Sherlock Jr.》 14
《소네트집 Sonnets》 168
《스티븐 왕 King Stephen》 33
〈스파냐의 광장 Piazza di Spagna〉 147
《시민 케인 Citizen Kane》 31,120, 121,143,147
《시인의 피 Le Sang d'un poète》 24,148
《시적 운율과 시적 형태 Poetic Meter and Poetic Form》 176
〈신조 Credo〉 137
《실락원 Paradise Lost》 66
《심야의 탈주 Odd Man Out》 97
〈아름답고 찬란한 무덤에서 벌어지는 죽은 클레오파트라에 대한 재판 The Trial of the Dead Cleopatra in Her Beautiful and Wonderful Tomb〉 134
《아이아스 Aias》 186
《아프리카의 여왕 The African Queen》 69,192
《안나 카레니나 Anna Karenina》 108
《안달루시아의 개 Un Chien Andalou》 154,170
《안전 지대 Safety Last》 15
《안토니와 클레오파트라 Antony and Cleopatra》 78,157
《알렉산드르 네프스키

Alexander Nevsky》 68,69,91
《알렉산드리아 사중주
　Alexandria Quartet》 80
〈애너벨 리 Annabel Lee〉 56
《양심의 복수 The Avenging
　Conscience》 57
〈어느 여인의 초상
　Portrait of a Lady〉 163
《어머니 Mat》 100
《언어와 침묵
　Language and Silence》 21
《얼간이에겐 휴식을 주지 마라
　Never Give a Sucker an Even
　Break》 14
《에덴의 동쪽 East of Eden》 186
《에드거 앨런 포
　Edgar Allan Poe》 56
《에트나 산 위의 엠페도클레스
　Empedocles on Etna》 34
《엔디미온 Endymion》 65
〈엘리노어 러밍의 술담그기
　The Tunning of Elinour
　Rumming〉 80
〈여자 수도원장의 이야기
　Prioress's Tale〉 79
《영화 감각 The Film Sense》 59,62
《영화 촬영기사 세라피노 구비오의
　노트북 The Notebooks of
　Serafino Guibbo, Cinematograph
　Operator》 117
《영화관람객 The Moviegoer》 131
《영화란 무엇인가?
　What Is Cinema?》 20
《영화와 영어 교육 The Motion
　Picture and the Teaching of
　English》 22
〈영화의 스타일과 매체
　Style and Medium in the Moving
　Pictures〉 18
《영화의 예술 The Art of the Moving
　Pictures》 49,134,188
《영화의 이론
　Theory of the Film》 54
《예술의 사회사 The Social History
　of Art》 13
《오렌지색과 청색
　Orange and Blue》 103
《오르페우스 Orphée》 24
《오르페우스의 유언 Le Testament
　d'Orphée》 31
《오만과 편견
　Pride and Prejudice》 108
《오도 대제 Otho the Great》 33
〈우레가 말한 것
　What the Thunder Said〉 156
〈우아한 문지방·도리·용마루·늑
　재·서까래 Oh do thou sill, plate,
　ridge, rib and rafter me with
　grace〉 80
《우파니샤드 Upanishads》 159,165
《워터프론트 On the Waterfront》 24
《원정(遠征) Anabase》 142,143,155
《위대한 개츠비
　The Great Gatsby》 155
〈위대한 바빌론 복권 The Great
　Babylonian Lottery〉 130
《위대한 연애 사건
　The Great Love Affair》 109

《위대한 환상
　La Grande Illusion》 186
〈윌리엄 윌슨 William Wilson〉 57
《유산자와 무산자
　To Have and Have Not》 69
《유에스에이 U.S.A.》 119,120
《율리시스 Ulysses》 24
《의지의 승리
　Triumph des Willens》 175,188
《이성의 기능
　The Function of Reason》 170
〈이스트 코우커 East Coker〉 154,179
《이유 없는 반항
　Rebel Without a Cause》 186
〈익사 Death by Water〉 156,159
〈일요일 아침 Sunday Morning〉 184
《일요일과 사이벨
　Sundays and Cybele》 69,91
《자전거 도둑 Ladri di biciclette》 187
《재나두로 가는 길
　The Road to Xanadu》 59
〈재림 The Second Coming〉 152,153,171
《전쟁과 평화 Voyna i mir》 30,34,119
《전쟁이 끝나다
　La Guerre est Finie》 107,192
《정령들의 줄리에타
　Giulietta degli spiriti》 157,164
《정복자 Conquistador》 144
《정사 L'Avventura》 100,154,190,192
《정직한 사람을 속일 수 없다
　You Can't Cheat an Honest Man》 185
《제7의 봉인
　Det sjunde inseglet》 189,192
《좋은 군인 The Good Soldier》 31
《주스틴 Justine》 105
〈주이 Zooey〉 121
〈죽은 자의 매장
　The Burial of the Dead〉 156
《줄리어스 시저 Julius Caesar》 111
〈지난해 마리앵바드에서 L'Annee dernière à Marienbad》 15,70,97,148,171,189
〈지하철 정거장에서 In a Station of the Metro〉 47
〈채플린다움 Chaplinesque〉 135
〈체스 게임 A Game of Chess〉 156
《첸치가(家) The Cenci》 33
《촬영 Shoot》 117
《최후의 대군 The Last Tycoon》 115,118
〈취한 배 Le Bateau Ivre〉 42
《친절한 마음과 왕관 Kind Hearts and Coronets》 44
《칸토스 Cantos》 144,154,170
《칼리가리 박사의 밀실 Das Kabinett des Dr. Caligari》 154
〈쿠빌라이 칸 Kubla Kahn〉 59
〈크리스타벨 Christabel〉 43
〈키 웨스트에서의 질서 의식 The Idea of Order at Key West〉 179
《탐욕 Greed》 31,155
《태양은 외로워 L'eclisse》 74,126,155

〈텅 빈 인간들 The Hollow Men〉
  164,167
《톰 존스 Tom Jones》   30
《투사 삼손 Samson Agonistes》   112
《트로일로스와 크레시다 Troilus
  and Cressida》   168
《트리스탄과 이졸데 Tristan and
  Isolde》   160
《파리의 아메리카인 An American in
  Paris》   103
《파업 Strike》   50,110,146
《판타지아 Fantasia》   15,148
《패왕 The Dynasts》   34,35,36,80,119
《패터슨 Paterson》   144,154,184
《편협 Intolerance》   31,43,54,57,58,
  146,155
《포템킨 Potemkin》   58,146,147
《폴타바 Poltava》   64
《푸른 온타리오 기슭에서 By Blue
  Ontario's Shore》   57
《풀잎 Leaves of Grass》   38,39,40
《프런트 페이지 The Front Page》   32
《프레이터 바이올렛
  Prater Violet》   116
《피아니스트를 쏴라
  Tirez sur le pianiste》   91,100,192
《피파가 지나가다 Pippa Passes》   58

〈하늘을 등지고 선 사나이 The Man
  Against the Sky〉   137,139
《하워즈 엔드 Howard's End》   31,128
《하이 눈 High Noon》   98
〈학생들 사이에서 Among School
  Children〉   184
《할렐루야 언덕
  Hallelujah the Hills》   43
《할리우드 묘지
  Hollywood Cemetery》   116
〈항아리의 이야기
  The Anecdote of the Jar〉   146
《햄릿 Hamlet》   33
《허클베리 핀의 모험 The Adventures
  of Huckleberry Finn》   31,88
《헨리 4세 Henry IV》   80
《헨리 5세 Henry V》   32,33
《화산 밑에서
  Under the Volcano》   127
《황금시대 L'Age d'Or》   154
《황무지 The Waste Land》   144,154,
  155,156,157,159,160,162,163,164,165,
  167,191
《흔들목마 수상자
  Rocking Horse Winner》   126
《히로시마 내 사랑
  Hiroshima Mon Amour》   24,70

역자 후기

이 책은 로버트 리처드슨의 *Literature and Film*을 번역한 것이다. 문학 텍스트의 개념이 확장되면서 최근에 문학 전공학과에서도 영화를 문학 텍스트와 동일한 차원에서 다루는 경향이 점점 확산되고, 문학과 영화의 연관성에 대한 연구와 관심이 증폭되어 왔다. 그러나 외국에서의 연구 동향이나 연구서 출간에 비해 이 분야에 대한 국내의 연구나 외국 문헌의 번역 소개는 그다지 많지 않았다. 따라서 실제로 문학과 영화를 연관시켜 강의를 하는 입장에서도 거기에 관련된 자료를 찾는 일이 매우 절실하고 필요한 일이 되었다. 이 책의 번역 출간은 이러한 추세에 발맞추어 한 권의 참고 자료를 소개하려는 동기에서 시작되었다. 이 책은 같은 이름으로 여러 명의 저자들에 의해 영국과 미국에서 출간된 여러 권의 저서 가운데 하나이며, 출간된 지 비교적 오래 된 (1969년 출간) 책이다. 그럼에도 불구하고 이 책을 택한 이유는, 문학과 영화의 비교 연구를 하려면 어쨌든 영화가 처음 등장한 시기로 거슬러 올라가야 하기 때문에 시의성이라는 것이 그다지 의미가 없을 뿐만 아니라, 이 책이 다른 저서에서 다루지 못한 점들을 다루고 있기 때문이다.

영화는 소설이나 드라마처럼 서사 구조에 의해 이야기를 이끌어 나가는 매체이기 때문에 영화와 이들 장르의 서사 구조상의 비교는 매우 다양하고 깊게 연구되어 온 분야이다. 또 드라마와 영화는 다같이 사람의 행동을 매개체로 하여 모방적 양태를 통해 메시지를 전달한다는 공통점을 가지고 있기 때문에 영화와 연극의 비교 연구 또한 많이 행해져 왔다. 이 책의 저자는 이러한 점을 인정하면서 자신의 전공인 영시에 주안점을 맞추어 영화와 시의 미학적인 유사점과 차이점에 주목하고 있으며, 이것이 바로 이 책을 다른 저서들과 구별짓는 점이다.

이 책은 영화가 시작할 때부터 문학에 많은 빚을 지고 있다는 사실을 그리피스나 에이젠슈테인과 같은 초기 영화감독들의 작품 분석에서 입증하고 있다. 문학과 영화의 기법, 문학적 언어와 영화적 언어 등 두 가지 매체의 차이와 유사성을 설명하는 과정에서 다른 저자들과 달리 리처드슨은 많은 예를 시에서 들고 있으며, 마지막 세 장은 예이츠와 엘리엇 등 현대 시와 영화에 나타나는 기법상의 유사성뿐만 아니라 세계관의 유사성도 발견하고 있다. 리처드슨은 결국 문학이나 영화가 독자와 관객에게 미치는 궁극적인 효과가 마음속에 이미지를 떠올리는 것이라고 주장하고 있으며, 이는 매우 설득력 있는 주장이다. 그는 심지어 소설의 경우에도 소설을 읽는 행위가 눈을 통해 문자를 읽고, 그 작업을 통해 머릿속에 그림을 그려내는 행위이기 때문에 거기서 영화와 소설의 연관성을 찾아야 한다고 주장한다.

저자가 영문과 교수이기 때문에 이 책이 지닐 수밖에 없는 한계 또한 눈에 뜨인다. 영화와 작품의 선정에 있어서 한쪽으로 치우친 면이 보이며, 저자 자신이 이미지를 강조하다 보니 이미지즘이나 모더니즘 계열의 작품과 작가를 선정하고 있으며, 분석의 대상으로 삼는 영화 또한 누벨 바그나 이탈리아 네오리얼리즘 계열의 영화에 초점을 맞추고 있다. 이러한 단점은 한편으로는 문학을 전공하고 문학 쪽에서 영화를 접근하려는 이들에게는 장점으로 작용할 수도 있다. 대개의 영화 개론서나 입문서들이 처음 접할 때 난삽해 보이는 전문 용어들로 인해 쉽게 접근하기 어려운 인상을 주는 데 비해, 이 책은 문학에서 출발하여 영화 쪽으로 들어가면서 끝까지 문학 쪽의 끈을 놓치지 않고 있다. 영화와 영상의 시대에 문학이 직면한 위기의 문제가 요즘의 빈번한 화두로 등장하고 있는데, 이 책은 그러한 위기까지 미리 내다보면서 궁극적으로는 문학이나 영화나 인간적 가치의 전달에 몰두해야 할 것임을 진단하고 있다.

이 책이 문학과 영화에 관심을 가진 교수님과 학생들에게 도움이 되기를 바라며, 이를 계기로 Allardyce Nicoll, Susan Sontag, George Bluestone 등이 쓴 다른 관계 서적들도 소개되어 이 분야에 대한 연구가 활성화되기를 바란다.

2000년 3월 이형식

이형식(李亨植)

경북대학교 문리대 영문과
서울대학교 대학원 영문과 (문학석사)
플로리다주립대학교 대학원 영문과 (Ph. D.)
현재 건국대학교 영문과 교수
문학과 영상학회 부회장
저서: 《현대영미희곡론》
《테네시 윌리엄즈: 삶과 작품세계》

현대신서
37

영화와 문학

초판발행: 2000년 4월 10일

지은이: 로버트 리처드슨
옮긴이: 이형식
펴낸이: 辛成大
펴낸곳: 東文選

제10-64호, 78. 12. 16 등록
서울 종로구 관훈동 74번지
전화: 737-2795
팩스: 723-4518

편집 설계: 韓仁淑

ISBN 89-8038-128-X 04680
ISBN 89-8038-050-X (세트)

【東文選 現代新書】

1	21세기를 위한 새로운 엘리트	FORESEEN 연구소 / 김경현	7,000원
2	의지, 의무, 자유	L. 밀러 / 이대희	6,000원
3	사유의 패배	A. 핑켈크로트 / 주태환	7,000원
4	문학이론	J. 컬러 / 이은경·임옥희	7,000원
5	불교란 무엇인가	D. 키언 / 고길환	6,000원
6	유대교란 무엇인가	N. 솔로몬 / 최창모	6,000원
7	20세기 프랑스철학	E. 매슈스 / 김종갑	8,000원
8	강의에 대한 강의	P. 부르디외 / 현택수	6,000원
9	텔레비전에 대하여	P. 부르디외 / 현택수	7,000원
10	고고학이란 무엇인가	P. 반 / 박범수	근간
11	우리는 무엇을 아는가	T. 나겔 / 오영미	5,000원
12	에쁘롱	J. 데리다 / 김다은	7,000원
13	히스테리 사례분석	S. 프로이트 / 태혜숙	7,000원
14	사랑의 지혜	A. 핑켈크로트 / 권유현	6,000원
15	일반미학	R. 카이유와 / 이경자	6,000원
16	본다는 것의 의미	J. 버거 / 박범수	근간
17	일본영화사	M. 테시에 / 최은미	7,000원
18	청소년을 위한 철학교실	A. 자카르 / 장혜영	7,000원
19	미술사학 입문	M. 포인턴 / 박범수	8,000원
20	클래식	M. 비어드·J. 헨더슨 / 박범수	6,000원
21	정치란 무엇인가	K. 미노그 / 이정철	6,000원
22	이미지의 폭력	O. 몽젱 / 이은민	8,000원
23	청소년을 위한 경제학교실	J. C. 두루엥 / 조은미	근간
24	순진함의 유혹	P. 브뤼크네르 / 김웅권	9,000원
25	청소년을 위한 이야기 경제학	A. 푸르상 / 이은민	근간
26	부르디외 사회학 입문	P. 보네위즈 / 문경자	7,000원
27	돈은 하늘에서 떨어지지 않는다	K. 아른트 / 유영미	6,000원
28	상상력의 세계사	R. 보이아 / 김웅권	9,000원
29	지식을 교환하는 새로운 기술	A. 벵토릴라 外 / 김혜경	6,000원
30	니체 읽기	R. 비어즈워스 / 김웅권	6,000원
31	노동, 교환, 기술	B. 데코사 / 신은영	6,000원
32	미국만들기	R. 로티 / 임옥희	근간
33	연극의 이해	A. 쿠프리 / 장혜녕	8,000원
34	라틴문학의 이해	J. 가야르 / 김교신	근간
35	여성적 가치의 선택	FORESEEN연구소 / 문신원	근간
36	동양과 서양 사이	L. 이리가라이 / 이은민	7,000원
37	영화와 문학	R. 리처드슨 / 이형식	8,000원

38 분류하기의 유혹	G. 비뇨 / 임기대	근간
39 사실주의	G. 라루 / 조성애	근간
40 윤리학	A. 바디우 / 이종영	근간
41 武士道란 무엇인가	新渡戶稻造 / 심우성	근간
42 발전의 미래	D. 르쿠르 / 김영선	근간
43 중세에 살기	J. 르 고프 外 / 최애리	근간
44 쾌락의 횡포(상)	J. C. 기유보 / 김웅권	근간
45 쾌락의 횡포(하)	J. C. 기유보 / 김웅권	근간
46 운디네와 지식의 불	B. 데스파냐 / 김웅권	근간
47 이성의 한가운데서	A. 퀴노 / 최은영	근간
48 도덕적 명령	FORESEEN 연구소 / 우강택	근간
49 망각의 형태	M. 오제 / 김수경	근간
50 느리게 사는 지혜	P. 쌍쏘 / 김주경	근간
51 나만의 자유를 찾아서	C. 토마스 / 문신원	근간
52 음악적 삶을 위하여	M. 존스 / 송인영	근간
53 나의 철학적 유언	J. 기통 / 권유현	근간
54 타르튀프·서민귀족	J.-B. P. 몰리에르 / 극예술비교연구회	8,000원
55 판타지 산업	A. 플라워즈 / 박범수	근간
56 이탈리아 영화사	L. 스키파노 / 이주현	근간

【東文選 文藝新書】

1 저주받은 詩人들	A. 뻬이르 / 최수철·김종호	개정근간
2 민속문화론서설	沈雨晟	40,000원
3 인형극의 기술	A. 훼도토프 / 沈雨晟	8,000원
4 전위연극론	J. 로스 에반스 / 沈雨晟	12,000원
5 남사당패연구	沈雨晟	10,000원
6 현대영미회곡선(전4권)	N. 코워드 外 / 李辰洙	각 4,000원
7 행위예술	L. 골드버그 / 沈雨晟	절판
8 문예미학	蔡 儀 / 姜慶鎬	절판
9 神의 起源	何 新 / 洪 熹	16,000원
10 중국예술정신	徐復觀 / 權德周	24,000원
11 中國古代書史	錢存訓 / 金允子	14,000원
12 이미지	J. 버거 / 편집부	12,000원
13 연극의 역사	P. 하트놀 / 沈雨晟	절판
14 詩 論	朱光潛 / 鄭相泓	9,000원
15 탄트라	A. 무케르지 / 金龜山	10,000원
16 조선민족무용기본	최승희	15,000원
17 몽고문화사	D. 마이달 / 金龜山	8,000원

18 신화 미술 제사	張光直 / 李 徹	10,000원
19 아시아 무용의 인류학	宮尾慈良 / 沈雨晟	절판
20 아시아 민족음악순례	藤井知昭 / 沈雨晟	5,000원
21 華夏美學	李澤厚 / 權 瑚	15,000원
22 道	張立文 / 權 瑚	18,000원
23 朝鮮의 占卜과 豫言	村山智順 / 金禧慶	15,000원
24 원시미술	L. 아담 / 金仁煥	16,000원
25 朝鮮民俗誌	秋葉隆 / 沈雨晟	12,000원
26 神話의 이미지	J. 캠벨 / 扈承喜	근간
27 原始佛敎	中村元 / 鄭泰爀	8,000원
28 朝鮮女俗考	李能和 / 金尙憶	12,000원
29 朝鮮解語花史(조선기생사)	李能和 / 李在崑	25,000원
30 조선창극사	鄭魯湜	7,000원
31 동양회화미학	崔炳植	9,000원
32 性과 결혼의 민족학	和田正平 / 沈雨晟	9,000원
33 農漁俗談辭典	宋在璇	12,000원
34 朝鮮의 鬼神	村山智順 / 金禧慶	12,000원
35 道敎와 中國文化	葛兆光 / 沈揆昊	15,000원
36 禪宗과 中國文化	葛兆光 / 鄭相泓·任炳權	8,000원
37 오페라의 역사	L. 오레이 / 류연희	절판
38 인도종교미술	A. 무케르지 / 崔炳植	14,000원
39 힌두교의 그림언어	안넬리제 外 / 全在星	9,000원
40 중국고대사회	許進雄 / 洪 熹	22,000원
41 중국문화개론	李宗桂 / 李宰碩	15,000원
42 龍鳳文化源流	王大有 / 林東錫	17,000원
43 甲骨學通論	王宇信 / 李宰錫	근간
44 朝鮮巫俗考	李能和 / 李在崑	12,000원
45 미술과 페미니즘	N. 부루드 外 / 扈承喜	9,000원
46 아프리카미술	P. 윌레뜨 / 崔炳植	절판
47 美의 歷程	李澤厚 / 尹壽榮	22,000원
48 曼茶羅의 神들	立川武藏 / 金龜山	절판
49 朝鮮歲時記	洪錫謨 外/李錫浩	30,000원
50 하 상	蘇曉康 外 / 洪 熹	8,000원
51 武藝圖譜通志 實技解題	正 祖 / 沈雨晟·金光錫	15,000원
52 古文字學첫걸음	李學勤 / 河永三	9,000원
53 體育美學	胡小明 / 閔永淑	10,000원
54 아시아 美術의 再發見	崔炳植	9,000원
55 曆과 占의 科學	永田久 / 沈雨晟	8,000원

56 中國小學史	胡奇光 / 李宰碩	20,000원
57 中國甲骨學史	吳浩坤 外 / 梁東淑	근간
58 꿈의 철학	劉文英 / 河永三	22,000원
59 女神들의 인도	立川武藏 / 金龜山	13,000원
60 性의 역사	J. L. 플랑드렝 / 편집부	18,000원
61 쉬르섹슈얼리티	W. 챠드윅 / 편집부	10,000원
62 여성속담사전	宋在璇	18,000원
63 박재서희곡선	朴栽緖	10,000원
64 東北民族源流	孫進己 / 林東錫	13,000원
65 朝鮮巫俗의 硏究(상·하)	赤松智城·秋葉隆 / 沈雨晟	28,000원
66 中國文學 속의 孤獨感	斯波六郞 / 尹壽榮	8,000원
67 한국사회주의 연극운동사	李康列	8,000원
68 스포츠인류학	K. 블랑챠드 外 / 박기동 外	12,000원
69 리조복식도감	리팔찬	절판
70 娼 婦	A. 꼬르뱅 / 李宗旼	20,000원
71 조선민요연구	高晶玉	30,000원
72 楚文化史	張正明	근간
73 시간 욕망 공포	A. 꼬르뱅	근간
74 本國劍	金光錫	40,000원
75 노트와 반노트	E. 이오네스코 / 박형섭	절판
76 朝鮮美術史硏究	尹喜淳	7,000원
77 拳法要訣	金光錫	10,000원
78 艸衣選集	艸衣意恂 / 林鍾旭	14,000원
79 漢語音韻學講義	董少文 / 林東錫	10,000원
80 이오네스코 연극미학	C. 위베르 / 박형섭	9,000원
81 중국문자훈고학사전	全廣鎭 편역	15,000원
82 상말속담사전	宋在璇	10,000원
83 書法論叢	沈尹默 / 郭魯鳳	8,000원
84 침실의 문화사	P. 디비 / 편집부	9,000원
85 禮의 精神	柳 肅 / 洪 熹	10,000원
86 조선공예개관	日本民芸協會 편 / 沈雨晟	30,000원
87 性愛의 社會史	J. 솔레 / 李宗旼	12,000원
88 러시아미술사	A. I. 조토프 / 이건수	16,000원
89 中國書藝論文選	郭魯鳳 選譯	25,000원
90 朝鮮美術史	關野貞	근간
91 美術版 탄트라	P. 로슨 / 편집부	8,000원
92 군달리니	A. 무케르지 / 편집부	9,000원
93 카마수트라	바짜야나 / 鄭泰爀	10,000원

94 중국언어학총론	J. 노먼 / 全廣鎭	18,000원
95 運氣學說	任應秋 / 李宰碩	8,000원
96 동물속담사전	宋在璇	20,000원
97 자본주의의 아비투스	P. 부르디외 / 최종철	6,000원
98 宗敎學入門	F. 막스 뮐러 / 金龜山	10,000원
99 변 화	P. 바츨라빅크 外 / 박인철	10,000원
100 우리나라 민속놀이	沈雨晟	20,000원
101 歌訣(중국역대명언경구집)	李宰碩 편역	20,000원
102 아니마와 아니무스	A. 융 / 박해순	8,000원
103 나, 너, 우리	L. 이리가라이 / 박정오	10,000원
104 베케트연극론	M. 푸크레 / 박형섭	8,000원
105 포르노그래피	A. 드워킨 / 유혜련	12,000원
106 셸 링	M. 하이데거 / 최상욱	12,000원
107 프랑수아 비용	宋 勉	18,000원
108 중국서예 80제	郭魯鳳 편역	16,000원
109 性과 미디어	W. B. 키 / 박해순	12,000원
110 中國正史朝鮮列國傳(전2권)	金聲九 편역	120,000원
111 질병의 기원	T. 매큐언 / 서 일·박종연	12,000원
112 과학과 젠더	E. F. 켈러 / 민경숙·이현주	10,000원
113 물질문명·경제·자본주의	F. 브로델 / 이문숙 外	절판
114 이탈리아인 태고의 지혜	G. 비코 / 李源斗	8,000원
115 中國武俠史	陳 山 / 姜鳳求	18,000원
116 공포의 권력	J. 크리스테바 / 서민원	근간
117 주색잡기속담사전	宋在璇	15,000원
118 죽음 앞에 선 인간(상·하)	P. 아리에스 / 劉仙子	각권 8,000원
119 철학에 관하여	L. 알튀세르 / 서관모·백승욱	10,000원
120 다른 곳	J. 데리다 / 김다은·이혜지	8,000원
121 문학비평방법론	D. 베르제 外 / 민혜숙	12,000원
122 자기의 테크놀로지	M. 푸코 / 이희원	12,000원
123 새로운 학문	G. 비코 / 李源斗	22,000원
124 천재와 광기	P. 브르노 / 김웅권	13,000원
125 중국은사문화	馬 華·陳正宏 / 강경범·천현경	12,000원
126 푸코와 페미니즘	C. 라마자노글루 外 / 최 영 外	16,000원
127 역사주의	P. 해밀턴 / 임옥희	12,000원
128 中國書藝美學	宋 民 / 郭魯鳳	16,000원
129 죽음의 역사	P. 아리에스 / 이종민	13,000원
130 돈속담사전	宋在璇 편	15,000원
131 동양극장과 연극인들	김영무	15,000원

132	生育神과 性巫術	宋兆麟 / 洪 熹	20,000원
133	미학의 핵심	M. M. 이턴 / 유호전	14,000원
134	전사와 농민	J. 뒤비 / 최생열	18,000원
135	여성의 상태	N. 에니크 / 서민원	22,000원
136	중세의 지식인들	J. 르 고프 / 최애리	18,000원
137	구조주의의 역사(전4권)	F. 도스 / 이봉지 外	각권 13,000원
138	글쓰기의 문제해결전략	L. 플라워 / 원진숙·황정현	18,000원
139	음식속담사전	宋在璇 편	16,000원
140	고전수필개론	權 瑚	16,000원
141	예술의 규칙	P. 부르디외 / 하태환	23,000원
142	사회를 보호해야 한다	M. 푸코 / 박정자	16,000원
143	페미니즘사전	L. 터틀 / 호승희·유혜련	26,000원
144	여성심벌사전	B. G. 워커 / 편집부	근간
145	모데르니테 모데르니테	H. 메쇼닉 / 김다은	20,000원
146	눈물의 역사	A. 뱅상뷔포 / 김자경	18,000원
147	모더니티입문	H. 르페브르 / 이종민	24,000원
148	재생산	P. 부르디외 / 이상호	18,000원
149	종교철학의 핵심	W. J. 웨인라이트 / 김희수	18,000원
150	기호와 몽상	A. 시몽 / 박형섭	22,000원
151	융분석비평사전	A. 새뮤얼스 外 / 민혜숙	근간
152	운보 김기창 예술론연구	최병식	14,000원
153	시적 언어의 혁명	J. 크리스테바 / 김인환	근간
154	예술의 위기	Y. 미쇼 / 하태환	15,000원
155	프랑스사회사	G. 뒤프 / 박 단	16,000원
156	중국문예심리학사	劉偉林 / 沈揆昊	30,000원
157	무지카 프라티카	M. 캐넌 / 김혜중	근간
158	불교산책	鄭泰爀	20,000원
159	인간과 죽음	E. 모랭 / 김명숙	근간
160	地中海(전5권)	F. 브로델 / 李宗旼	근간
161	漢語文字學史	黃德實·陳秉新 / 河永三	24,000원
162	글쓰기와 차이	J. 데리다 / 남수인	근간
163	朝鮮神事誌	李能和 / 李在崑	근간

【롤랑 바르트 전집】

▨ 현대의 신화	이화여대기호학연구소 옮김	15,000원
▨ 모드의 체계	이화여대기호학연구소 옮김	18,000원
▨ 텍스트의 즐거움	김희영 옮김	15,000원
▨ 라신에 관하여	남수인 옮김	10,000원

【完譯詳註 漢典大系】

說苑·上	林東錫 譯註	30,000원
說苑·下	林東錫 譯註	30,000원
晏子春秋	林東錫 譯註	30,000원
西京雜記	林東錫 譯註	20,000원
搜神記·上	林東錫 譯註	30,000원
搜神記·下	林東錫 譯註	30,000원
歷代書論	郭魯鳳 譯註	40,000원

【기 타】

경제적 공포	V. 포레스테 / 김주경	7,000원
古陶文字徵	高 明·葛英會	20,000원
古文字類編	高 明	24,000원
古文字學論集(第一輯)	中國古文字學會 편	12,000원
金文編	容 庚	36,000원
딸에게 들려 주는 작은 지혜	N. 레흐레이트너 / 양영란	6,500원
딸에게 들려 주는 작은 철학	R. 시몬 셰퍼 / 안상원	7,000원
미래를 원한다	J. D. 로스네 / 문 선·김덕희	8,500원
산이 높으면 마땅히 우러러볼 일이다	유 향 / 임동석	5,000원
서기 1000년과 서기 2000년 그 두려움의 흔적들	J. 뒤비 / 양영란	8,000원
세계사상·창간호		10,000원
세계사상·제2호		10,000원
세계사상·제3호		10,000원
세계사상·제4호		14,000원
선종이야기	홍 희 편저	8,000원
십이속상도안집	편집부	8,000원
어린이 수묵화의 첫걸음(전6권)	조 양	42,000원
原本 武藝圖譜通志	正祖 命撰	60,000원
隸字編	洪鈞陶	40,000원
한글 설원(상·중·하)	임동석 옮김	각권 7,000원
한글 안자춘추	임동석 옮김	8,000원
한글 수신기(상·하)	임동석 옮김	각권 8,000원

【통신판매】 가까운 서점에서 小社의 책을 구입하기 어려운 분은 국민은행 (006-21-0567-061·신성대)으로 책값을 송금하신 후 전화 또는 우편으로 주소를 알려 주시면 책을 보내 드립니다. (보통등기, 송료 출판사 부담)

東文選 現代新書 33

연극의 이해
— 극작품, 연출, 연극사

알랭 쿠프리

장혜영 옮김

 연극이란 바라보는 관점이다. 세상의 역사와 삶과 인간 안에 존재하는 모든 것들, 이 모든 것들은 예술이라는 요술 막대 아래에서 생각될 수 있는 것이고, 생각되어져야 한다…… 이러한 종류의 한 작품을 위해서 작가가 선택해야 하는 것은 아름다움이 아니고 특징이다.

 연극을 공부한다는 것은, 문학작품인 동시에 공연의 재료가 되는 극 텍스트의 기본적인 위상에 대해 알아보는 것이다. 고전 극작품들과 현대 작품들에서 빌려온 여러 예들을 통해, 이 책은 하나의 극작품을 해석하기 위해 접근할 수 있는 방법들을 보여 주고 있다. 즉 언어 사용의 특징, 극작법, 연출 등의 요소들을 살펴보고 있다. 또한 희극·비극·드라마 등을 포함한 여러 다양한 미학적 이론들에 대해 역사적으로 살피고 있다.
 본서는 대학 초년생들을 위해 기획된 것으로, 일반적인 지식과 참고할 만한 작품 목록들·방법론들을 간략하게 제시해 주고 있다.
 저자 알랭 쿠프리는 현재 파리12대학교수로 연극사를 가르치고 있다.

東文選 現代新書 15

일반미학

로제 카이유와

이경자 옮김

'미'란 인간이 느끼고 내리는 평가라 할지라도, 자연의 구조는 상상 가능한 모든 미의 출발점이며 최종적인 참조 목록이다. 하지만 인간이 바로 자연의 일부분이기 때문에 그 범위가 쉽게 제한되며, 인간이 미에 대해 느끼는 감정은 생명체라는 인간의 조건과 우주의 일부분에 지나지 않는다는 생각을 하게 할 뿐이다. 그 결과 자연이 예술의 모델이 되는 것이 아니라, 오히려 예술은 자연의 특수한 경우에 해당한다. 즉 예술이란 미학이 인간의 의도나 제작행위라는 부차적인 검열과정을 거치게 될 때 생기는 자연의 특수한 경우이다. 아주 단순해 보이는 이 사실은 매우 중요한 의미를 지니고 있다.

시학으로부터 광물학, 미학으로부터 동물학, 신학으로부터 민속학에 이르기까지 폭넓은 주제에 관한 많은 저서를 남긴 로제 카이유와는, 이 책에서 '형태'·'미'·'예술'이라는 광범위한 주제에서부터 한정된 주제로 접점 좁혀가며 미적 탐구를 진행해 나가고 있다. 형성 기원이 무엇이건간에 아름답다고 평가받는 형태들에 대한 연구인 미학의 영역과, 미학의 일부분에 지나지 않는 예술의 영역을 획연하게 구분하고 있는 그는 자연의 제 형태에 관한 연구, 즉 풍경대리석과 마노 또는 귀갑석의 무늬 등에 대한 연구와 현대 예술가들의 다양한 창작 태도에 대한 관점을 간결하고도 명확하게 설명하고 있다.

東文選 現代新書 9

텔레비전에 대하여

피에르 부르디외
현택수 옮김

텔레비전으로 방송된 이 두 개의 콜레주 드 프랑스에서의 강의는 명쾌하고 종합적인 형태로 텔레비전 분석을 소개하고 있다. 첫번째 강의는 텔레비전이라는 작은 화면에 가해지는 보이지 않는 검열의 메커니즘을 보여 주고, 텔레비전의 영상과 담론의 인위적 구조를 만드는 비밀들을 보여 주고 있다. 두번째 강의는 저널리즘계의 영상과 담론을 지배하고 있는 텔레비전이 어떻게 서로 다른 영역인 예술·문학·철학·정치·과학의 기능을 깊게 변화시키는지를 설명하고 있다. 이러한 현상은 시청률의 논리를 도입하여 상업성과 대중 선동적 여론의 요구에 복종한 결과이다.

이 책은 프랑스에서 출판되자마자 논쟁거리가 되면서, 1년도 채 안 되어 10만 부 이상 팔려 나가 베스트셀러 리스트에 오르고, 세계 각국에서 번역되어 읽혀지고 있는 피에르 부르디외의 최근 대표작 중 하나이다. 인문사회과학 서적으로서 보기 드문 이같은 성공은, 프랑스 및 세계 주요국의 지적 풍토를 말해 주고 있다. 이처럼 이 책이 독자 대중의 폭발적인 반응과 기자 및 지식인들의 지속적인 반향을 불러일으키는 이유는, 세계적으로 잘 알려진 그의 학자적·사회적 명성 때문이기도 하지만 무엇보다도 언론계 기자·지식인·교양 대중들 모두가 관심을 가질 만한 논쟁적인 내용을 담고 있기 때문이다.

東文選 文藝新書 154

예술의 위기

— 유토피아, 민주주의와 코미디

이브 미쇼 / 하태환 옮김

　예술이 위기를 맞고 있다는 사실은 누구나 다 인정한다. 그리고 그 위기의 원인에 대한 진단들도 폭넓게 논의되었다. 우리는 이제 더 이상 새로운 것만이 좋은 것은 아니라는 생각을 갖게 되었고, 진보가 어떤 유토피아를 향해 나아간다는 확실한 보증도 얻지 못했다. 더군다나 엔트로피의 사회에서 진보는 전체 사회를 파멸시키는 가속자가 아닌가 하는 의구심마저 들게 한다. 전투사적이고 투쟁적인 예술의 아방가르드는 대중을 선도하기보다는 더욱더 고립된 엘리트주의 속에 갇히고 말았고, 기껏해야 상업주의 사회 속에서 새로운 모델 하나를 더 추가하는 것에 불과하게 되었다. 말하자면 유토피아적인 목적을 향해 줄기차게 매진해 나아간다는 목적론적 대서사시, 일관적이고 합리적 이성에 기반한 대형 스토리 하나가 파국을 맞았다는 이야기이다. 그러니까 예술의 위기란 아방가르드적 예술의 위기이다.

　그런데 이러한 파국 앞에서 취하는 태도는 각자가 다르다. 지금까지 위기를 진단한 대부분의 이론가들이 이미 죽어가고 있는 예술을 되살리기 위해 제도와 교육의 책임을 들먹이며 새로운 수혈을 요구하거나, 애절한 향수 속에서 허무주의 속으로 빠져들었던 반면에, 이 책의 저자인 이브 미쇼는 오히려 그 죽음을 찬양하고 재촉한다. 그렇다. 진실로 대중이 바라는 예술이 지금 죽어가고 있는 예술이 아니라면 더욱더 그렇다. 왜냐하면 지금 우리 눈앞에서 펼쳐지고 있는 파노라마는, 다만 한 세기 전에 기묘하게 탄생했던 특이한 한 변종에 불과하기 때문이다.

　작금의 프랑스 문화계를 벌집 쑤시듯 뒤집어 놓은 이 책의 저자 이브 미쇼는 현재 파리 I 대학 철학교수로서, 1989~96년에는 미술학교인 국립 보자르의 학장을 역임한 비중 있는 예술비평가이다.

東文選 現代新書 17

일본 영화사

막스 테시아

최은미 옮김

일본 영화의 개방과 더불어 일본 영화 관련 서적의 출간이 부쩍 늘어난 이 시점에서 프랑스의 영화 전문가가 쓴 《일본영화사》는, 일본이 메이지 시대에 들여온 영화 기술을 자신들의 전통 문화와 접목시켜 세계 영화 대국의 하나로 발돋움하게 된 과정에 대한 서양인의 설명을 읽어볼 수 있다는 데 그 의미가 있을 것이다.

'예나 지금이나 변함없이 서양을 매료시키고' 있는 일본 영화의 힘은 무엇인가? 그것은 일본의 대표적 감독 구로사와 아키라가 극명하게 보여 주듯이 영화적 형식과 소재에 있어 가장 일본적인 것을 세계적인, 적어도 서구적인 보편성으로 전환시킨 데 있을 것이다. 다시 말하여 일본 영화는 충분히 이국적이면서도 여전히 서구의 이해의 틀 안에 맞추어질 수 있는 것이었다. 즉 서구의 언어로 풀어낼 수가 있는 것이었다. 일본적이면서도 서구적인 것 —— 바로 이러한 이중적 정체성에 서양인들의 일본에 대한 끊임없는 매료는 기초한다. 일본은 메이지 시대 이래 계속해서 서구와 같아지려고 노력했고, 스스로 앞장서 서구화되었으면서도 서구의 식민 지배를 피할 수 있었기에 오히려 동양적 전통을 가장 강하게 유지할 수 있었다. 이는 강압적으로 외부의 힘에 의해 변화를 강요당했던 아시아의 다른 나라들과는 달리 자신들의 취사 선택에 따라 서구 문명을 받아들였기에 가능했을 것이다. 그리하여 세계 최첨단의 기술을 자랑하는 하이테크 일본은 사고에 있어서는 가장 전통적 성향이 강한 나라로 남아 있다. 그래서 일본은 항상 서양인들에게 이해하기 어려운 듯하면서도 가장 명확한 분석이 가능한 신비롭고도 흥미로운 나라로 받아들여지고 있는 것이다.

東文選 文藝新書 141

예술의 규칙
-문학 장의 기원과 구조

피에르 부르디외
하태환 옮김

"모든 논쟁은 그로부터 시작된다"라고 일컬어질 만큼 현재 프랑스 최고의 사회학자인 피에르 부르디외의 예술에 관한 사회학적 분석서.

19세기에 국가의 관료체제와 그의 아카데미들, 그리고 이것들이 강요하는 좋은 취향의 규범들로부터 충분히 떼내어진 문학과 예술의 세계가 만들어진다.

피에르 부르디외는 문학 장의 연속적인 형상들 속에 드러나는 그 구조를 기술하면서, 우선 플로베르의 작품이 문학 장의 형성에 있어서 어떤 빚을 지고 있는가를 보여 준다. 다시 말해 작가로서의 플로베르가 자신이 생산함으로써 공헌하는 것을 통해 어떤 존재로 나타나는지를 보여 주는 것이다.

작가들과 문학제도들이 복종하는——작품들 속에 승화되어 있는——논리를 기술하면서, 피에르 부르디외는 '작품들의 과학'의 기초들을 제시한다. 이 과학의 대상은 작품 그 자체의 생산뿐만 아니라, 작품의 가치 생산이 될 것이다. 원래의 환경에 연결되어 있는 사회적 결정들의 효과 아래에서 창조를 제거하기보다는, 장의 결정된 상태 속에 기입되어 있는 가능성의 공간을 분석해 보면, 예술가가 수행해야 하는 작업을 이해할 수 있다. 다시 말해 예술가는 이러한 결정에 반대함으로써, 그리고 그 결정 덕분에 창조자로서, 즉 자기 자신의 창조의 주체로서 자신을 생산하기 위한 작업을 수행해야 한다.

東文選 現代新書 22

이미지 폭력

올리비에 몽젱
이은민 옮김

영화와 폭력, 일찍이 폭력이 이처럼 미화된 적이 있었던가?
"가장 견디기 힘든 폭력은 가장 통증이 없는 폭력이다. 스크린 위에서는 폭력이 더 광적이 되가는 반면 관객들은 무감각에 길들여지고 있다." 끝없는 폭력의 우물로 가라앉고 있는 현대인들 앞에 영화 속의 폭력은 어떤 유형으로 나타나고 있으며, 우리는 폭력으로부터 어떻게 벗어날 수 있는가.

화면의 폭력이 처참하고 잔인해질수록 오히려 관객들은 영화 속의 폭력세계를 자신과 무관한 환상의 세계로 착각하고 안도감을 갖게 된다는 데에서 저자의 폭력적 이미지에 대한 탐구는 시작된다. 그러나 역설적이게도 이 점이 바로 현대 사회가 폭력에 대해 매우 민감한 사회임을 증명한다고 저자는 강조한다.

영화와 텔레비전의 화면을 침범한 폭력은 서구 국가들에서 사회적인 논쟁을 일으켰다. 사람들이 모든 것을 드러낼 수 있는가? 그리고 만일 모든 것을 보여 줄 수 없다면, 비난해야 하는가? 보통 몇몇 민감한 질문들이 열렬한 입장들과 흔히 피상적인 입장들을 끌어낸다.

올리비에 몽젱은 반대로 사람들이 폭력적이라고 말하는 영화를 가까이에서 검토하는 입장에 섰다. 60년대 폭력이 나타나는 방식과, 오늘날 제시되는 방법 사이에 분명하게 변화한 것이 무엇인가에 대하여 심도 있는 질문을 던진다——현대의 폭력성은 폭력 자체로 내비쳐지지만 우리는 그것을 추월할 수도, 그것을 제거할 수도, 재생할 수도 없다. 폭력 장면들을 비난하는 대신, 이 책은 우리로 하여금 거기에서 벗어나는 길을 트려고 한다.

東文選 文藝新書 109

性과 미디어
– 의식조작의 시대

윌슨 브라이언 키
박해순 옮김

 광고의 교묘한 설득에 관한 세계 최고의 권위자가 대중매체인 상업광고·코머셜·음악·잡지의 겉장이나 수퍼마켓 등에서 어떻게 우리의 정신을 조작하고 있는가와 우리 자신을 어떻게 보호할 것인가를 밝히고 있다.

 우리가 보고 듣는 것이 결코 우리가 얻는 것의 전부는 아니다. 이 책은 대중매체가 만들어 내는 우리 시대 사회의 통념을 파헤치고 있다. 매일 그리고 매번 잡지나 텔레비전을 볼 때마다 자기의 의식으로는 제어할 수 없는 강력한 힘에 의해 현혹당하고, 교묘히 조작당하고 있는 것이다.

 억지로 꾸며낸 말일까? 저자는 우리의 의식적인 이해가 못 미치고 무의식적인 두려움·필요성, 그리고 욕망들에 직접적으로 영향을 미치는 전략가들인 광고업자들이 대중을 현혹하기 위해 사용하는 교묘하고 세련된 전략들을 파헤치고 있다. 숨겨진 메시지와 이미지들이 여전히 만연해 있으며, 지금 우리는 빠른 편집·음악·거짓논리·부조화나 상징과 같은 광고가 드러내 놓고 대중을 조작하는 방식들을 접하게 된다. 그리고 이러한 방법들은 단순히 광고에서만 사용하고 있지 않다. 사업·대중음악이나 정치를 포함한 대중매체를 사용하는 사회의 거의 모든 분야에서 쓰여지고 있다. 우리가 수 년 동안 보아왔던 49가지의 충격적인 삽화들, 즉 뮤직비디오, 마이클 잭슨의 춤에 담긴 이중의 의미부여, 샐러드 장식에 매몰되어 있는 성행위, 중요한 부분들 삭제한 술광고, 외설스러운 케이크, 그리고 심지어는 잡지를 팔기 위해 뉴스를 조작하는 방법 등에서 벌어지고 있는 것들을 볼 수 있도록 도와 줄 것이다.

東文選 文藝新書 124

천재와 광기
—— 미술과 음악, 그리고 문학에서

P. 브르노 [著]   김웅권 [譯]

 범인들은 예외적 인물, 비범한 인물, 즉 천재를 꿈꾸지만 천재가 짊어져야 할 고통에 대해서 생각해 보는 경우는 드물다. 그들 대부분은 안정을 파괴하는 변화를 두려워하고, 기존 질서와 가치체계에 순응하며 길들여진 대로 살아간다. 그러면서 동시에 주어진 삶의 틀을 부수고, 세계의 변혁과 역사 창조의 주역이 되는 천재를 꿈꾸는 모순된 욕망을 드러낸다. 하기야 인간 존재 자체가 모순 덩어리가 아니던가.

 『천재는 모든 사람들을 닮아 있지만, 아무도 그를 닮을 수 없다』고 저자는 말하고 있다. 천재는 그만이 가지고 있는 특별하고 독창적인 자질을 범인들은 가질 수 없기에 아무도 그를 닮을 수 없는 것이다. 이 비범한 자질이 그로 하여금 몸담고 있는 사회에 반항하게 하며 새로운 세계를 꿈꾸게 한다. 그러나 그것은 또한 그를 사회로부터 소외시켜 고통을 안겨 주고 광기를 부추긴다. 천재는 기존의 세계로부터 단절되지 않을 수 없으며, 단절은 광기를 부르고, 광기는 그를 병적 상태로 몰고 간다. 여기에서 해방되기 위해 그는 작품을 창조하는 산고(産苦)의 세월을 보내야 하는 것이다. 일반적으로 그의 운명은 예술 분야에서, 특히 언어예술 분야에서 비극적인 경우가 많으며, 이 비극의 중심에 광기의 그림자가 드리워져 있다.

 광기, 그것은 천재의 필연적 속성인가? 정신과 의사이자 인류학자인 저자는, 이런 근본적인 질문에 대해 다양한 관련 테마들을 유기적으로 연결시키면서 접근하고 있다. 그는 천재들에 대한 존경과 따뜻한 애정을 가지고 예술작품이 지닌 신비성의 한계에 도전하면서도, 이것이 결국에는 신비로 남아 있음을 인정한다. 만약 어떤 예술작품이 하나의 도식적인 해석에 의해 완전히 파헤쳐진다면, 그것의 가치는 금방 추락의 길을 내달릴 수밖에 없을 것이다. 그것이 커다란 신비로 남아 있을 때, 그것의 위대성은 지속적으로 독자의 마음에 울려 온다.

東文選 文藝新書 104

베케트 연극론
─ 말과 제스처

미셸 푸크레
박형섭 옮김

　베케트의 작품들은 《고도를 기다리며》뿐만 아니라 대부분의 작품들이 쉽게 읽혀지지 않는다. 베케트 자신도 자신의 작품에 대해 별로 말이 없다. 언제나 침묵으로 일관하는 그의 태도는 마치 작품 속의 침묵을 몸으로 실천하는 것처럼 보인다. 오히려 독자나 관객 편에서 베케트와 그의 작품들에 관해 지속적으로 물음을 던지고, 꼬리표를 달고 있을 뿐이다. 무수한 연구서와 비평, 대학의 논문들이 이를 증명한다. 그러나 물음에 대한 답은 여전히 허공을 맴돌고 있다. 마치 그의 소설 제목 《이름 붙일 수 없는 것》처럼 이름 붙일 수 없는 것에 이름을 붙이려는 우매한 인간의 웅웅거리는 소리들처럼 대답은 언제나 애매함 속에 묻혀 있다.
　이 책은 그의 희곡 속에 나타난 제스처와 말의 특징적인 요소들을 분석하는 논문으로서 베케트 희곡 텍스트의 빈 공간을 채워 보고자 하는 의도로 씌어졌다.
　베케트 작품 속에 등장 인물들의 말과 동작은 여느 연극과 다르다. 말은 침묵에 가까우며, 제스처는 부동에 가깝다. 다시 말하면 여기서는 전통적으로 인식된 말과 제스처의 기능을 찾아볼 수 없다. 다만 사람이 있는 곳에 말과 제스처가 있다는 사실을 보여 주고 있을 따름이다. 베케트는 누구나 다 알고 있는 이 평범한 사실을 왜 반복해서 말하고 있을까? 이 책의 저자는 베케트 희곡 속의 말과 침묵, 동작과 부동의 상관성이 무엇인지 그 근거는 어디에 있는지 날카롭게 파헤친다.

東文選 文藝新書 12

이미지 - 시각과 미디어
Ways of Seeing

존 버거
편집부 옮김

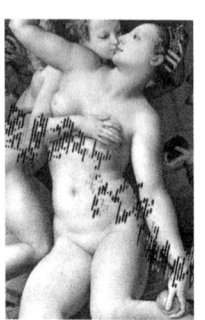

　본서의 저자 존 버거는 영국의 미술비평가이지만, 활동 범위는 미술사뿐만 아니라 문학·영화·TV·사회 문제 그리고 커뮤니케이션論까지 실로 다양하며, 케네스 클락 사후의 미술사·미술비평의 새로운 지평을 열어가는 인물로 높게 평가받고 있다.

　본서는 그 존 버거의 작품 중 가장 화제를 불러일으켰던 저작이다. 영국 BBC 방송에서 4회 연속시리즈로 방영되었는데, 획기적인 기획 내용과 내레이션을 담은 영상 중심의 대담한 구성으로 호평을 받았던 TV 프로그램 'Ways of Seeing'을 기초로 한 텍스트이다. 따라서 예술만을 최상의 가치라고 간주하지 않고, 회화와 광고에 동등한 가치를 부여하려는 시도를 살려서 '시각' 자체를 재검토해 나가고 있다. 그리고 명쾌하게 이미지와 단어를 밀접하게 연결지은 이 책은 출판과 동시에 시선을 집중시켜 유럽 각지에서 베스트셀러가 되었고, 1972년 초판을 찍은 이래 매년 중판을 거듭하게 되었다.

　본서는 종래의 대부분이 미술서적처럼 고전적인 명화만을 대상으로 한 단순한 '회화의 감상법'을 다룬 것이 아니라, 19세기 사진의 발명 이후에 필연적으로 '시각'의 주변에 생겨나게 된 방대한 이미지나 미디어망을 토대로 우리가 현재 보고 있는 구체적인 '시각' 구조를 풍부한 자료를 활용하여 새로운 각도에서 조명해 내려고 한 노작이다. 회화나 이미지를 표현 형식의 변천사로서 인식하는 것이 아니라, 지금 살아서 보고 있는 우리의 지층을 형성하고 있는 현재를 떠오르게 하는 것으로서 주시하려는 저자의 시도는 시각과 미디어를 동시에 생각하는 유효한 시점이고, 새롭게 미술이나 미디어에 접근하려는 사람들이 '시각'을 생각하기 위한 적합한 입문서이다.

東文選 文藝新書 105

포르노그래피 — 여자를 소유하는 남자들

안드레아 드워킨 / 유혜련 옮김

사드와 바타유로부터 킨제이報告, 플레이보이誌, 포르노테이프에 이르기까지 온갖 性묘사 속에 은닉된 '意味'를 적나라하게 파헤친 레디칼 페미니즘의 眞髓. 2개 출판사로부터 계약파기당하였고, 12개 출판사로부터 거부당하였으며, 출판 후에도 수 년간 절판당해야 했던 禁書 아닌 禁書!

본서는 '외설'을 다루고 있는 것이 아니다. 무엇이든 '외설'이려면 그것이 관람이나 전시에 적합치 않다는 판단이 내려져야 한다. '외설'은 '포르노그래피'와 동의어가 아니다. '외설'은 하나의 개념이며, 그것은 가치판단을 요구한다. 포르노그래피는 구체적인 매춘부들의 생생한 묘사이다. 포르노그래피는 천박한 표적에 불과하며, 그것을 공격한 시점에서 아무 변화도 일어나지 않는다고 말하는 사람들은 언제나 있기 마련이지만, 그러나 진실로 말하자면 그것은 잘못이다. 포르노그래피는 남성의 우월성 구현에 불과하다. 그것은 남성지배의 DNA라고도 할 수 있는 것으로서 성적 학대의 온갖 규칙도, 성적 새디즘의 온갖 미묘한 의미도, 공공연한 것과 비밀스러운 것을 포함한 온갖 성적 착취도 이 속에 암호화되어 있다. 포르노그래피란 우리들 여성에게는 그런 남성이 없었으면 좋겠다 싶은 상태이며, 남성에게는 여성이란 이러한 것이라고 생각게 하며, 또한 우리들을 그렇게 만들려고 하는 상태이며, 더욱이 남성이 우리를 사용하는 방식이다. 내가 이 말을 하는 이유는, 그들이 생물학적으로 남성인 것이 문제가 아니라 그들 남성의 사회권력이 그렇게 조직되어 있다는 것이다. 정치활동가의 관점에서 보면, 포르노그래피는 남성우위성의 청사진으로 남성의 우위성을 구축하는 방식을 나타내고 있다. 정치활동가는 이 청사진을 알 필요가 있다. 문화적 용어를 사용한다면, 포르노그래피는 남성의 지배라는 교의를 굳게 지키는 원리주의이다. 여성과 성충동을 규정하는 이러한 교의, 이 예정설에는 자비라곤 도무지 없다. 이 속에서 여성은 단지 강간과 매춘으로 이끌릴 뿐이며, 이의를 제창하는 사람은 파괴 또는 소멸된다. 포르노그래피는 남성의 권력과 증오·소유권·계급제도·새디즘·우월성이 성욕으로 표현된 것이다. 있을 수 있는 모든 강간, 예를 들어 여성이 구타당하고 범해질 경우와 매춘하게 될 경우까지 포함한 모든 킹긴 사례, 아직 말도 제대로 못하는 유아였을 때 벌어진 근친상간을 포함한 있을 수 있는 모든 근친상간, 그리고 남편이나 연인이나 연쇄살인범 탓에 생긴 여성 살해 뒤에는 포르노그래피의 전제가 도사리고 있다.

만약 이것을 천박하다고 말한다면, 도대체 깊이 있는 것은 무엇일까?

東文選 文藝新書 150

기호와 몽상

알프레드 시몽
박형섭 옮김

　기호와 몽상의 구체적 실현물인 연극과 축제는 오래 전부터 존재해 왔고, 인간의 삶과 깊은 관계를 맺고 있다. 삶이 있는 곳에는 언제나 크고 작은 축제가 있었으며, 이 축제 속에는 반드시 연극적 요소가 있었다. 저자는 축제와 연극의 뿌리가 생태적으로 같으며, 둘 모두 민중적 삶의 조건과 비극성에서 비롯했음을 강조한다. 또한 축제에는 진정한 창조정신이 깃들어 있다. 그것은 살아 있는 작품이며, 실제적인 행위인 것이다. 축제는 일상적 모임, 노동, 정치적 집회와도 무관하지 않다. 모든 회합은 연극성을 띠고 있으며, 모든 작업공동체는 창조적 도약으로 그 자체 속에 고유한 축제성을 지니고 있다. 축제 없이는 공동체도 없고, 공동체 없이는 축제도 없다. 한편 연극은 세계에 대한 설명이고, 우주를 해석하며, 인간조건을 풀어 주는 열쇠이다. 그래서 연극은 하나의 은유적 기능을 하는 것이다. 연극은 인간 자신에 대해 그리고 인간과 사회와의 관계를 표상한다. 모든 사람들은 배우로서 자신들의 역할을 살아 간다. 그의 의식의 프리즘은 사회를 스펙트럼처럼 분석한다. 또한 사람은 자신을 신성하게 만들어 주는 이미지를 찾아서 환각의 장소인 연극적 공간으로 들어가는 것이다. 사람은 연극에 의해 반사되고, 스스로의 이미지 속에 몰입한다.

　이 책의 주요 테마는 연극과 축제와 비극성의 동질적 관계를 밝히는 것이다. 저자는 연극의 죽음과 축제의 부재가 소외된 사회의 잔재가 아니라 오히려 소외가 이러한 죽음과 부재의 이중적 과정에 의해 정의된다고 강조한다.

　저자의 해박한 지식은 물론 그의 서술방법, 축제와 연극에 관한 시각 등이 매우 새로운 이 책은 축제와 연극의 상관성을 역사적·사회학적·미학적으로 분석한 본격 문화이론서가 될 것이다.

東文選 文藝新書 147

모더니티 입문

앙리 르페브르

이종민 옮김

　우리들 각자는 흔히 예술이나 현대적 사상, 현대적 기술, 현대적 사랑 등등에 대해 언급한다. 관습과 오류에도 불구하고 모더니티라는 낱말은 자신의 위력을 상실하지 않았다. 그것은 광고와 선전, 그리고 새롭거나 새로운 것처럼 보이는 모든 표현으로 사용된다. 하지만 그것은 정확히 무엇을 의미하는 것일까?

　모호하지만 모더니티라는 이 낱말은 분석에 있어 두 가지 의미를 드러내고, 두 개의 현실을 은폐한다. 한편으로 그것은 다소 인위적이고 양식에 순응하는 어떤 열광을 지칭하며, 또 한편으로는 상당수의 문제와 가능성(혹은 불가능성)을 보여 준다. 첫번째 의미는 '모더니즘'으로 명명될 수 있고, 두번째는 '모더니티'로 이름 붙일 수 있다. '모더니즘'은 사회학적인 현상이다. 즉 나름대로의 법칙을 가질 수 있는 사회적인 의식의 행위인 것이다. '모더니티'는 나타나기 시작하는 비평과 명확히 규정할 수 있는 문제성에 결부된 개념이다.

　이 책이 포함하고 있는 12개의 전주곡은 '모더니즘'과 '모더니티' 사이의 변증법적 관계를 파악하기 위하여 그 두 단어를 구별하고자 노력한다. 그 전주곡들은 '모더니티'가 제기하거나, 혹은 오히려 '모더니티'가 덮고 있는 제문제를 정형화하면서 그 개념의 윤곽을 명확히 하고자 한다. 여기에는 소위 현대적인 우리의 사회에 설정된 것처럼 보이는, 실제와 사고에 대한 근본적인 이의를 반드시 동반하기 마련이다.

롤랑 바르트 전집 3

현대의 신화

이화여대 기호학 연구소 【옮김】

이 책에서 바르트가 분석하고자 한 것은, 부르주아사회가 자연스럽게 생각하고 자명한 것으로 생각해 버려서 마치 신화처럼 되어 버린 현상들이다. 그것은 1950년대 중반부터 60년대 초까지 프랑스 사회에서 일어나고 있는 현상이지만, 이미 과거의 것이 되어 버린 것이 아니라 오늘날에도 유효한 것이기 때문에 독자들의 많은 관심을 불러일으키고 있다. 저자가 이책에서 보이고 있는 예리한 관찰과 분석, 그리고 거기에 대한 명석한 해석은 독자에게 감탄과 감동을 체험하게 하고 사물을 보는 새로운 눈을 뜨게 한다. 특히 후기 산업사회에 들어와서 반성 없이 이루어지고 있는 것, 가벼운 재미로만 이루어지면서도 대중을 지배하는 모든 것에 대해서 이 책은, 그것들이 그렇게 자연스런 것이 아니라는 것, 자명한 것이 아니라는 것을 알게 한다. 사회의 모든 현상이 숨은 의미를 감추고 있는 기호들이라고 생각하는 이 책은, 우리가 그 기호들의 의미 현상을 알고 있는 한 그 기호들을 그처럼 편안하게 소비하고 있을 수 없다는 것을 우리에게 알게 한다.

이 책은 바르트 기호학이 완성되기 전에 씌어진 저작이기 때문에 엄밀한 의미에서 바르트 기호학을 대표하는 것은 아니지만, 그러나 그의 타고난 기호학적 감각과 현란한 문체로 이루어져 있어서 그의 기호학이론에 완전히 부합되고 있을 뿐만 아니라, 그의 텍스트 실천이론에도 상당히 관련되어 있어서 바르트 자신의 대표적 저작이라 할 수 있다.